추천사

해박한 지식으로 흥미를 유발한다. 올리버 볼치, 『파이낸셜 타임스』

유쾌하고, 통쾌하고, 발랄하게 기후와 스토리텔링을 다룬다.
에런 매츠, 『뉴욕 리뷰 오브 북스』

마음을 울리는 선언문! 푸크너의 주장은 강렬하다. 독서의 새로운
지평을 열며, 기후 위기를 걱정하는 책벌레들이라면 곱씹어보아야 할
통찰이 넘쳐난다. 『퍼블리셔스 위클리』

설득력 있고 열정 넘치는 이 글은 가속되는 기후 위기를 늦추기 위해
자연 세계와 우리의 관계를 근본적으로 재구성해야 한다고 역설한다.
[…] 인간이란 무엇인가, 자연의 세계에서 우리 인간의 위치는
어디인가와 같은 물음들을 던지고 깊이 있게 사유한다. 대담하면서도
주목할 만한 문학비평서다. 『포워드 리뷰스』

마틴 푸크너는 우리 세계를 형성해온 이야기들을 새롭게 읽어야 한다고
절박하게 호소한다. […] 이 책은 세계문학을 가르치며 독서 목록을
다양하게 구성하고 새로운 교수법들을 모색하는 교사들에게 특히
유용하며, 생태비평의 장에 새롭게 발을 들이려는 문학비평가들에게도
중요한 길잡이가 될 것이다. 나아가 새로운 세대의 작가들과 구술
시인들이 우리 종의 유일한 보금자리인 이 작고 푸른 경이로운 행성과
건강하고 조화로운 관계를 도모하는 작품의 창작을 자극할 것이다.
그레그 브라운, 『월드 리터러처 투데이』

인간이 지구에 저지른 일, 그리고 재앙을 막기 위해 우리가 아직 할 수
있는 일에 대한 매혹적인 설명. 마틴 푸크너의 해박한 지식과 열정,
예리한 통찰이 돋보인다. 이 책에서 문학은 마치 자연의 힘처럼
등장하여 기후변화를 악화시키는가 하면 멸종이 아닌 미래를 주장하며
탈출구를 제시하기도 한다. 와이 치 디목, 예일 대학교

마틴 푸크너는 유려하고 진정성 넘치는 이 책에서, 혹독한 환경 변화로 위태로워진 세계를 향해 '미래를 위한 이야기'를 주창한다. 그런데 그러한 변화를 심화시킨 것은 사람들이 세계와 세계 속 자신의 위치에 관해 되풀이해온 이야기들이었다. 『길가메시 서사시』에서 『공산당 선언』, 그리고 현대의 환경 소설에 이르기까지 폭넓은 작품들을 망라한 이 책은 그 자체로 위기에 처한 세계에 걸맞은 세계문학의 선언문이다.
데이비드 댐로쉬, 하버드 대학교

강력하고 명료하면서도 긴박감 넘치는 이 연구에서, 마틴 푸크너는 초기 서사시들의 탁월한 해석을 바탕으로 서사의 필요성을 역설한다. 기후변화에 맞서기 위해서는 우리가 반드시 이야기를 공유해야 함을 보여준다. 세계문학과 행성 지구의 생존은 긴밀하게 얽혀 있다. 이 책은 지금 우리가 반드시 읽어야 할 책이다. 로라 마커스, 옥스퍼드 대학교

마틴 푸크너는 긴급하고 강력한 호소문을 써냈다. 탁월한 통찰과 필력이 돋보이는 이 책은 한 편의 선언문이자 변론서이며 세계문학의 역사서이기도 하다. 생태비평적 독서의 생생한 사례들과 문학 연구의 중심에 환경주의를 두려는 실천적 방법들을 대담하면서도 접근하기 쉬운 방식으로 엮어낸다. 매슈 벨, 런던 킹스칼리지

이 책은 환경을 주제로 한 세계문학의 역사를 순전히 이야기의 힘만으로 탁월하게 풀어낸 최초의 작품이다. 기후변화에 맞서며, 마틴 푸크너는 환경적 읽기를 통해 인류의 집단적 책임 의식을 일깨우고 고양할 수 있다고 역설한다. 당신이 히말라야를 연구하는 환경 과학자든 세계문학 애독자든, 이 매혹적인 책은 분명 당신을 위한 것이다. B. 벤카트 마니, 위스콘신-매디슨 대학교

장대한 서사와 문학, 역사의 미세한 결을 거침없이 넘나드는 이 책은 세계로 향한 새로운 시선을 제시한다. 인류세의 문학 연구를 이끌 자극적이면서도 깊은 영감을 주는 아이디어들이 가득하다.
매즈 로젠달 톰센, 덴마크 오르후스 대학교

LITERATURE FOR A CHANGING PLANET

Copyright © 2022 by Princeton University Press
All rights reserved.

Korean translation copyright © 2025 by Moonji Publishing Co., Ltd.
This Korean edition was published in agreement with the author,
c/o Baror International, Inc., Armonk, New York through
Danny Hong Agency, Seoul

이 책의 한국어판 저작권은 대니홍 에이전시를 통해 저작권사와 독점 계약한
㈜문학과지성사에 있습니다. 저작권법에 의해 한국 내에서 보호받는 저작물이므로
무단 전재 및 복제를 금합니다.

변화하는 행성
지구를 위한 문학

Literature for a Changing Planet

마틴 푸크너   김지혜 옮김   문학과지성사

옮긴이 김지혜

역사교육과 서양사를 공부했다. 옮긴 책으로 『시인을 체포하라』
『주변부의 여성들』『혁명 전야의 최면술사』『각주의 역사』『문명의 문법』
『선명한 세계사』 등이 있다.

채석장
변화하는 행성 지구를 위한 문학

제1판 제1쇄 2025년 7월 29일

지은이 마틴 푸크너
옮긴이 김지혜
펴낸이 이광호
주간 이근혜
편집 최대연 김현주 홍근철
마케팅 이가은 허황 최지애 남미리 맹정현
제작 강병석
펴낸곳 ㈜문학과지성사
등록번호 제1993-000098호
주소 04034 서울 마포구 잔다리로7길 18(서교동 377-20)
전화 02)338-7224
팩스 02)323-4180(편집) 02)338-7221(영업)
대표메일 moonji@moonji.com
저작권 문의 copyright@moonji.com
홈페이지 www.moonji.com

ISBN 978-89-320-4424-8 93900

우시와 데이비드에게

차례

11 서문 변화하는 행성 지구를 위한 문학
27 1장 뜨거워지는 세계에서 책 읽기
57 2장 회계의 혁명적 변화
77 3장 세계문학의 두 얼굴
103 4장 어떻게 세계를 편찬할 것인가
123 5장 미래를 위한 이야기들

157 감사의 말
160 도판 출처
161 옮긴이의 말
     읽기의 전환, 생태적 감수성의 확장
169 찾아보기

서문

변화하는 행성 지구를 위한 문학

1억 6천만 년 전 중력의 미세한 상호작용으로 소행성대 안쪽에서 운석 조각 하나가 떨어져 나왔다. 지름 48킬로미터가량의 이 작은 물체는 새로운 궤도를 따라 광활한 우주를 가로지르며 천천히 그리고 차분하게 멀어져 갔다. 시간당 6만 4373킬로미터의 일정한 속도로 어떤 방해도 없이 4억 8280만 킬로미터를 이동한 운석은 갑자기 저항에 부딪쳤고 대기 구름 때문에 진행 속도가 늦춰지자 추진력이 열로 변했다. 얼마 안 가 운석은 물과 땅을 강타했다. 운석은 단숨에 대륙의 지각 속으로 19킬로미터를 파고든 뒤에야 완전히 멈춰 섰다.[1]

운석 주변으로 엄청난 파괴가 잇달았다. 그 충격으로 히로시마와 나가사키를 파괴한 원자폭탄 2기의 수천억 배에 달하는 힘이 분출되었다. 떠돌이 소행성이 떨어진 곳은 멕시코 남부 유카탄반도 인근이었다. 6600만 년 뒤 에스파냐인 에르난 코르테스Hernán Cortés가 철제 무기와 말, 세균으로 무장한 한 무리의 모험꾼을 이끌고 상륙해 문화 전체를 철저히 파괴하게 될 바로 그 지역이었다. 소행성은 충격파만으로 파괴 작

[1] 내 동료인 리사 랜들은 충돌체가 혜성이었으며, 훨씬 먼 거리를 이동했다는 다른 가설을 제안한다. 혜성은 지구에서 2000AU(1AU = 1억 5천만 킬로미터) 떨어진 태양계 가장 바깥쪽 오르트 성운에서 생성되었고, 혜성의 이동 속도는 "고작" 시속 6만 4373킬로미터였던 소행성의 3배나 빠른 시속 19만 3120킬로미터였을 것으로 추정한다. Lisa Randall, *Dark Matter and the Dinosaurs: The Astounding Interconnectedness of the Universe*, New York: Ecco, 2015, pp. 271 이하.

업을 수행했고 거기서 비롯된 쓰나미가 플로리다와 텍사스까지 영향을 주었다. 엄청난 양의 파편이 대기로 분출했고 불타는 발사체가 되어 다시 땅 위로 쏟아져 내렸다. 파편이 떨어진 곳은 모두 불지옥으로 변했다. 그 충격파로 지구 전역에서 지진이 일고 화산이 폭발했다.

장기적인 영향은 훨씬 더 파괴적이었다. 산성비가 내리고 이산화탄소 수치가 치솟아 온실효과가 발생했다. 더 심각한 것은 태양을 가린 먼지구름이었다. 이 때문에 광합성이 크게 감소해 전체 먹이사슬에 피해를 끼쳤다. 먹이사슬 상단에 위치한 큰 동물일수록 더 큰 피해를 입었다. 몇 년 뒤 식물들이 다시 싹을 틔우고 뿌리를 내렸을 때 거대 동물 종들은 이미 멸종된 뒤였다. 육상에 기반해 살던 공룡들도 모두 멸종되었다.

심각하게 파괴된 행성 지구의 생태계가 균형을 되찾기까지 6600만 년이 걸렸다. 필요한 것은 시간이었다. 광합성을 다시 시작할 시간, 무작위의 돌연변이들이 특정한 생태적 위치에 더 잘 적응할 시간, 오래된 종들이 다른 서식지로 이동할 시간이 필요했다. 생명체들이 다시 생겨났지만 예전보다 작아졌고, 거대 포식자가 없는 상황은 박테리아와 포유류에게 유리하게 작용했다. 살아남은 공룡들은 공중을 차지했고 과거 그들이 누렸던 우월한 지위를 기억으로만 간직한 채 이따금 작은 포유류들을 사냥했다. 시간이 흐르면서 소행성 충돌의 흔적은 희미해졌다. 너비 100킬로미터, 깊이 30킬로미터의 분화구도 메워졌다. 마치 떠돌이 운석의 충돌은 일어난 적 없는 일 같았다.

오늘날, 대규모 멸종의 원인은 태양계의 교란도, 1억 6천만 년 전 4억 8280만 킬로미터 밖에서 날아든 운석도 아니다. 이즈음 혼란은 순전히 내부에서 생겨났다. 공룡이 사라진 지표면 위를 두 발로 자유롭게 거니는 털 없는 동물이 원인이다. 이 볼품없는 피조물은 보기와 다르게 몇 가지 비기祕技를 감추고 있다. 첫째, 땀을 흘릴 수 있다. 이는 장거리 달리기에서 지상의 모든 생명체를 능가할 수 있다는 의미다. 심지어 가젤과 표범, 말보다 더 멀리 달릴 수 있다. 다른 동물들은 먼 거리를 달리는 동안 몸이 더워져 숨을 헐떡이겠지만 이 두 발로 달리는 동물은 땀을 흘려 바람결에 열을 식힐 수 있기 때문이다. 먹이도 가리지 않는다. 뿌리부터 잎사귀까지, 과일에서 벌레, 곤충 그리고 다른 포유류까지 닥치는 대로 먹는다. 여차하면, 같은 종까지 먹어치운다.[2]

이 잡식성 동물은 출현한 지 100만 년이 되지 않았고 그로부터 80만 년이 지나서야 오늘날과 같은 모습을 갖췄다. 그리고 섬세한 운동 기술과 엄지손가락 덕분에 온갖 도구의 사용법을 익혔다. 그런데 더 중요한 것은 성대였다. 성대 덕분

2 Michael Pollan, *The Omnivore's Dilemma: A Natural History of Four Meals*, New York: Penguin, 2006.

에 폭넓은 소리를 낼 수 있었고 이는 복잡한 음성 언어의 토대가 되었으며, 전례 없는 규모의 조직화를 가능케 했다. 두 발로 걷는 이 종은 더 나은 의사소통 방식 덕분에 무리 지어 이동할 수 있었다. 이들은 지나는 길에 있는 모든 것을 사냥하고 채집하면서 지구 전역으로 퍼져나갔다. 또한 불장난을 좋아했는데 소행성 정도의 스케일은 아니고 작게 불을 지펴 훨씬 더 다양한 것들을 먹을 수 있었다. 덕분에 이들은 단단한 뿌리, 줄기, 열매와 익힌 고기로 그 연약한 배를 채울 수 있었다. 얼마 지나지 않아 초원에 불을 놓아 다른 동물들을 덫으로 몰거나 기르는 가축 떼를 위해 새로운 목초지를 만들었다. 음성을 사용하는 이 방화범들은 서서히 지구를 그들의 필요에 맞는 곳으로 바꾸어나갔다.

    1만 년 전, 그 피조물이 달리기에 싫증을 느꼈을 때 지구의 변화가 가속되었다. 그 피조물은 더 많은 열량을 내는 식물의 재배법을, 그리고 동물 길들이는 법을 알게 되었다. 그리고 이런 발명들에 너무 만족한 나머지 정착하기로 결심했다. 그런데 정착이 최선의 생활 방식은 아니었다. 곡물의 작황이 나쁠 수도 있었고, 길들인 동물에게서 생긴 질병과 바이러스, 전염병이 인간에게 옮을 수도 있었다. 이 때문에 예측 가능한 빈도로 정착 인구가 죽어나갔다. 그러나 새로운 삶의 방식에도 장점이 있었다. 집약농업과 도시 덕분에 새로운 노동 분업이 가능했고 글쓰기 같은 새로운 발명으로 이어졌다. 글쓰기는 인간의 가장 가치 있는 도구의 하나인 언어의 활용을 크게 자극했다. 도시가 늘어나고 인구가 증가하며 새로운 정착 생활은 다시 한번 지구를 변화시키고 있었다. 삼림은 벌채되어 건축 자재나 연료로 활용되었다.

세계를 더 효과적으로 조작할 수 있는 지식이 축적되면서 이 은퇴한 장거리 주자에게 정말 유리한 상황이 펼쳐지고 있었다. 기원 1년에 인구는 1억 9천만 명이 되었고 1700년에는 6억 명에 도달했다. 산업화와 함께 인구는 더 빠르게 증가했다. 동물과 흐르는 물에서 얻은 에너지 덕분이었다. 그리고 점점 더 비중이 커지는 에너지, 석탄과 석유처럼 지표면 아래에서 추출할 수 있는 화석 에너지 덕분이었다. 더 많은 에너지를 손에 넣은 인간은 점점 더 땀 흘릴 필요가 없어졌고 점점 더 많이 번식했다. 1900년에 인구는 9억 9천만 명으로 늘었고, 1928년에는 20억 명, 1960년에 30억 명, 1975년에 40억 명, 1987년에 50억 명, 1999년에는 60억 명으로 증가했다. 생물량의 견지에서 보면 지렁이와 박테리아(일부는 인간의 장기 안에 산다)에 비해 여전히 보잘것없었지만, 다른 모든 면에서 인간은 지구를 제 입맛에 맞게 개조했다.

또한 지구를 엉망으로 만들기도 했다. 정주 생활, 집약농업, 인구 폭발, 탄소 배출은 토양 고갈, 농약, 그리고 지구를 뜨겁게 달구는 이산화탄소 수치 상승으로 인한 또 다른 대규모 멸종으로 치닫고 있다. 인구가 80억 명에 육박하면서 끔찍한 일이 벌어지고 있다는 데는 의심의 여지가 없다. 정보를 축적한 정착민 인간들은 운석 충돌에 맞먹는 스케일의 대혼란을 일으키고 있다.

운석에 비견되는 인간들의 이야기를 어떻게 전해야 할까? 그 스케일은 인간의 상상력을 초월한다. 크기도 크기이거니와 시간 때문이기도 하다. 1만 년이 걸린 인구 폭발은 시속 6만 4373킬로미터로 지구에 충돌한 발사체와 매우 다를 것 같지만 진화의 견지에서 보면 두 사건은 거의 같다. 두 사건 다 진화로 적응하기에는 너무 급속하게 일어났다. 문제는 인간 스스로는 변하지 않으면서 다른 종들을 변화시키고 소멸시킨다는 점이다. 기후 역시 지속적으로 변화하며 내부에서 발생한 힘에도, 태양계 외부에서 몰아치는 힘에도 모두 반응한다. 운석에서 얻은 교훈이 있다면 지구는 결코 완전히 고립될 수 없는 은하계 안에 존재한다는 사실이다.

문제는 변화가 아니라 변화의 속도다. 진화의 견지에서 보면, 수십만 년에 걸친 무작위의 돌연변이를 통해 적응할 수 있는 것보다 빠른 변화는 모두 갑작스러운 것이다. 그렇지만 인간은 언어 등의 저장 시스템을 통해 정보를 전달하고 늘어난 지식을 세대에서 세대로 전하며 진화를 앞지르는 법을 배였다. 그리고 글쓰기 덕분에 몇 세대 만에 정보를 보존하고 확산하고 늘리는 일이 가능해졌다. 이런 형태의 정보 운영은 진화보다 훨씬 더 빠른 과정을 활성화한다. 정보는 인간의 발전을 숨 가쁠 만큼 빠르게—운석만큼 빠르게—가속시킨 불쏘시개다.

재현에 속도의 문제만 있는 것은 아니다. 또 다른 문제는 파급효과다. 진화가 끊임없는 변화이기는 하지만, 어느 순간 세밀하게 조율된 생태계를 만들어내는데 그 복잡성과 취약성에 숨이 막힐 지경이다. 인간은 이런 생태계를 조각내고 모든 면에서 운석이 유발한 지진과 화산 폭발만큼 파괴적인 파급효과를 일으킨다. 그러나 피드백 회로, 변곡점, 계속 가지를 뻗어나가는 인과의 연쇄반응을 포함한 복잡성은 파악하기도 어렵거니와 우리는 아직 그것을 효과적으로 파악할 방법조차 알지 못한다.

그런데 작인agency의 문제도 있다. 운석에 다름 아닌 인간에 관해 우리가 들려주는 이야기는 우리 모두의 집합적 역사다. 그런데 다른 이들보다 더 깊이 관여한 이들이 있지 않을까? 불을 사용했던 사람들, 언어를 발명한 사람들, 달리기를 멈추고 정착을 결정한 사람들, 집약농업으로 전환한 사람들, 글쓰기 등과 같은 저장 매체를 고안한 사람들, 석유와 석탄을 캐낸 사람들, 지나친 소비에 몰두하는 사람들 말이다. 만약 우리가 운석이라면, 분명히 우리 가운데 누군가에게는 다른 이들보다 더 직접적인 책임이 있다. 그들은 우리를 나머지 진화 과정에서 분리시키고 우리를 우리 자신과 충돌시킨 과정에 더 큰 책임이 있다.

스케일, 복잡성, 작인이라는 도전 과제들이 서사에 따르는 문제들이다. 우리는 이야기에 필요한 하나의 세계를 구성해야 한다. 행위자가 놓이고 이야기를 전개시킬 배경이다. 그런데 어떤 종류의 이야기여야 할까? 악당을 만들어 비난하는 도덕극? 오래전에 잘못 선택한 방향을 지적하며 경종을 울리는 이야기? 예기치 못한 파국적 결말에 관한 이야기? 우리의 짧은 수명과 그보다 더 빠르게 식어버리는 관심 탓에 앞날을 내다보지 못하고 부지불식간에 지옥 한복판에 이르게 되었다는 무시무시한 경고?

인간에게 이야기는 엄청나게 중요하다. 타고난 장거리 주자인 인간들은 속도를 늦출 때마다 틈틈이 다른 이야기를 시작하기 때문이다. 전승할 경험을 담은 이야기, 집단 안에서 결속과 협력을 도출하는 이야기, 중요한 과거 사건들을 설명함으로써 공유가치를 명시하는 이야기들이다. 인간은 타고난 이야기꾼이다. 인간은 자신이 어디서 왔고 자신의 고통이 누구 탓인지 알고 싶어 한다.

이야기는 강력한 동기 유발자이며 끔찍이 잘못된 길로 이끌 수도 있다. 이야기들은 경쟁한다. 관심(우리는 어떤 이야기에 귀 기울이는가?), 권위(우리는 어떤 이야기를 믿는가?), 생존(어떤 이야기들이 다음 세대로 전승되는가?)을 두고 경쟁을 벌인다. 어떤 이야기가 왜 중요한지, 어떤 종류의 이야기를 들려줄지, 기존 이야기들을 어떻게 해석할지를 두고 벌이는 경쟁이다.

　기후과학자들이 이야기의 힘에 눈을 떴다. 지난 40여 년 동안 기후과학을 개선하는 것이 그들의 전략이었다. 개선된 모델과 더 정확한 예측으로 정책과 행위의 적절한 변화를 도출할 것이라고 상정했다. 그러나 그런 전략은 효과가 없었고 이제 과학자들은 작인을 특정하는 이야기, 복잡성을 포착하는 이야기, 1만 년을 1밀리초(1000분의 1초)의 충돌처럼 보이게 만드는 이야기들을 요구하고 있다. 새로운 이야기가 필요하고, 오래된 이야기를 이해하는 새로운 방식이 필요하다. 기후변화 경감이라는 새로운 목적을 위해 이야기의 힘—유혹적이고 오해를 부르며 변형의 가능성이 있는 이야기의 힘—을 활용해야 한다.[3]

3　　이는 어떤 면에서 문학 외적 목적에 문학을 활용하는 것을 지지하는 주장이다. 그런 주장이 문학과 문학비평의 활용에 관해 리타 펠스키가 촉발한 논쟁과 어떻게 연결되는지 궁금해할 독자들도 있을 것이다. Rita Felski, *Uses of Literature*, Oxford: Blackwell, 2008; *The Limits of Critique*, Chicago: University of Chicago Press, 2015 참고. 이런 접근법에 관한 최근 논의를 확인하고 싶다면, 리타 펠스키와 남왈리 서펠Namwali Serpell이 존 플로츠John Plotz와 함께 진행한 허구적 공감에 관한 팟캐스트 Recall This Book, episode 18 참고. https://recallthisbook.org/

기후과학 전체가 스토리텔링에, 곧 문학 연구에 몰두한다는 것은 반가운 소식이다. 특히나 지난 수십 년 동안 생태비평이라는 하위 분과가 출현해 성장해왔다. 생태비평은 헨리 소로Henry Thoreau의 1854년 작품 『월든*Walden*』에서 영감을 받은 자연 글쓰기부터 환경오염에 집중한 레이첼 카슨Rachel Carson의 1962년 작품 『침묵의 봄*Silent Spring*』에 이르기까지 모든 것에 관심을 기울인다.[4] 최근에 그 분야는 산업혁명, 오일 시대, 식민주의 시대의 문학적 재현에 관한 연구로 관심의 영역을 확대했으며 미국 등지에서는 기후 정의에도 관심을 보이고 있다.[5]

생태비평의 통찰은 널리 알려져야 했지만 애석하게도 해당 영역 밖으로 널리 알려지지 않았다. 부분적으로는 문학

> 2019/11/14/18-fictional-empathy-rita-felski-and-namwali-serpell-with-jp. 나는 문학비평의 한계에 관한 펠스키의 생각에 공감하지만, 이 책을 집필하는 과정에서 비평의 중요성을 새삼 절감했다. 이 글에서도 강조했듯이 기후변화를 경감하기 위해 문학 연구를 활용하려면 특별한 형태의 비평이 필요하다고 믿는다. 그런데 그런 비평은 펠스키가 지적한 많은 문제점들을 내포하고 있을 것이다.

4   Lawrence Buell, *Writing for an Endangered World: Literature, Culture, and Environment in the U.S. and Beyond*, Cambridge: Belknap Press, 2001.

5   Rob Nixon, *Slow Violence and the Environmentalism of the Poor*, Cambridge, Mass.: Harvard University Press, 2013. Stephanie LeMenager, *Living Oil, Petroleum Culture in the American Century*, Oxford: Oxford University Press, 2014.

연구가 다른 인문학 분야들과 마찬가지로 명망과 권위를 잃은 탓이다. 이런 사실은 이 분야의 진학자 수 급감과 일자리 감소에서 확인된다. 게다가 문학 연구에서도 기후변화는 주변으로 밀려나 있다. 미국에서 중요한 이야기 생성자라 할 수 있는 문예창작 과정(MFA 프로그램)은 전통적으로 아이디어와 과학보다 문체와 목소리에 더 관심을 기울여왔으며, 환경에 꾸준히 관심을 기울이는 교수자도 많지 않다.[6] 세계문학 분야의 실정도 마찬가지다. 그 분야의 학자들은 최근까지도 환경에 거의 관심을 보이지 않았다.[7]

6   문예창작 과정에 관해서는 다음을 참고. Mark McGurl, *The Program Era: Postwar Fiction and the Rise of Creative Writing*, Cambridge, Mass.: Harvard University Press, 2009. 늘 그렇듯이 예외적인 사례는 많다(예를 들자면, 기후변화에 관심을 보이는 문예창작 과정 교수자들이 그렇다). 로브 닉슨이 바로 그런 교수자 가운데 하나다. 그는 프린스턴 대학교에서 환경 파괴를 연구하며 논픽션 글쓰기를 가르친다. Rob Nixon, *Slow Violence and the Environmentalism of the Poor*, Cambridge, Mass.: Harvard University Press, 2013.

7   주목할 만한 예외로 우르줄라 하이제가 있다. Ursula Heise, *Sense of Place and Sense of Planet: The Environmental Imagination of the Global*, Oxford: Oxford University Press, 2008; *Nach der Natur: Das Artensterben und die moderne Kultur*, Frankfurt am Main: Suhrkamp, 2010; *Imagining Extinction: The Cultural Meanings of Endangered Species*, Chicago: University of Chicago Press, 2016. 다음과 같은 와이 치 디목의 훌륭한 책도 있다. Wai Chee Dimock, *Weak Planet: Literature and Assisted Survival*, Chicago: Chicago University Press, 2020. 이 책은 최근에 출간되어 아쉽게도 이 글에서는 충분히 다룰

위기감이 커지면서 전 지식 분야와 영역에서 경고음이 울렸고 이제 모든 게 달라졌다. 이 책은 기후변화의 무시무시한 위기를 더 넓은 문학 분야와 스토리텔링에 연결하려는 운동의 일환이다. 그 과정에서 나는 스토리텔링과 환경의 관계를 이해하는 데 거시적인 시간 단위가 특히 중요하다는 점을 강조하고자 한다. 환경 파괴와 이산화탄소 수치 상승이 급격히 가속된 것은 지난 200년 동안의 일이지만, 기후 재앙에 이르게 된 인간의 결정과 습관은 훨씬 오래전에 시작되었다. 그래서 스토리텔링의 오랜 과거를 연구하는 일이 중요하다.[8] 세계문학의 개념과 문학을 서로 연결된 하나의 시스템으로 이해하려는 노력을 통해서 그런 거시적인 시간 단위를 활용할 수 있다. 세계문학의 역사가 중요한 것은 바로 그런 이유 때문이다. 더불어 나는 작가들과 이야기꾼들이 인간과 지구에 관한 새로운 이야기들을 들려줄 때 세계문학의 심원한 역사에

수 없었지만, 내가 여기서 하고자 했던 바와 대단히 유사한 주장을 펼치는 책이라는 사실을 알 수 있었다.

8 우르줄라 하이제는 다음과 같이 썼다. "1990년대 초 생태비평이 등장한 이래 이 분야의 비평가들은 특정 국가―주로 영국, 독일, 미국 등―의 글쓰기 전통에서 주목받았으나 세계문학 정전에 포함될 만큼 국제적 인지도를 얻지는 못한 텍스트들을 연구해왔다." Ursula Heise, "World Literature and the Environment," in Theo D'haen, David Damrosch, and Djelal Kadir(eds.), *The Routledge Companion to World Literature*, London: Routledge, 2012, pp. 404~12, 404.

서 훨씬 더 큰 일단의 모델을 찾아 인용할 수 있을 것이라고 믿는다. 이 책이 생태비평, 세계문학, 서사 연구에서 얻은 통찰을 하나로 묶어, 인문학이 빠지면 할 수 없는 너무나도 중요한 기후변화에 관한 대화에서 문학의 역할을 강화해주기를 바라 마지않는다.[9]

9   그러므로 나는 이런 고찰을 통해 생태비평이 세계문학에서 확장된 연구 영역을 얻을 수 있다면 세계문학 독자들은 생태비평에서 배울 수 있으며, 픽션과 논픽션의 작가들은 세계문학과 생태비평 모두에서 훨씬 더 많이 배울 수 있다는 확신을 세계문학 독자들에게 심어주고자 한다. 달리 말하자면, 내가 주목하는 세 집단, 이른바 생태비평가들, 세계문학 교수자들(비전문가들을 위한 교양 교수자들), 문예창작 과정의 학생들 사이에는 대화가 충분하지 않다. 나로서는 세 방향의 원활한 대화를 유도하고 싶지만, 전문가의 역할은 할 수 없다. 나는 생태비평 전문가도 아니고 문예창작 과정의 교수도 아니며 세계문학 분야에는 애초에 전문가가 있을 수 없다. 그러므로 내 역할은 대화 진행자에 그칠 뿐이다.

1장
뜨거워지는 세계에서
책 읽기

우리 인간들은 스스로 만든 기후 재앙을 어떻게 서술해야 할까? 어떤 의미에서 우리는 지금까지 줄곧 그 일을 해왔다. 위대한 문학 작품은 모두 인간에 의해 재조율된 세계를 다루고 있으며, 그래서 인간이 환경을 변화시켜온 과정을 이해하는 데 유용한 사료가 될 수 있다. 한 가지 어려움이 있다면, 기후변화에 초점을 맞춰 그 작품들을 읽는 방법을 터득하는 일이다. 애초에 그런 목적으로 쓰인 작품들이 아니기에 그렇게 읽기가 쉽지는 않다. 때로 그 작품들은 기후변화를 초래한 삶의 방식을 옹호하느라 기후변화 자체는 제대로 감지하지 못한 채, 그 흔적들을 감추거나 도외시하기도 한다. 그러나 우리가 적절한 질문을 하고 적절한 세부 사실들에 집중해 우리를 지금의 파국적 상황으로 이끈 더 큰 사회적 과정 안에 그 사실들을 배치한다면, 세계문학 작품들의 의미가 드러날 수 있을 것이다.

문학의 근원 텍스트이자 세계문학 최초의 명작이라 할 『길가메시 서사시*Epic of Gilgamesh*』를 시작으로 생태비평에서 착안한 책 읽기 방식을 예시하고자 한다. 이 서사시의 가장 오래된 판본은 4천 년 전으로 거슬러 올라가지만, 정본의 형태는 그로부터 700년 뒤에 등장했고 1천 년 넘게 그 일대에서 지배적인 위치를 차지했다. 그러나 이 서사시는 기원전 어느 시기에 그 기록에 사용된 쐐기문자와 함께 자취를 감추었다가 2천 년이 지난 1840년대에 유프라테스강 변에서 성서의 도시 니네베를 발굴하던 열혈 모험가 오스틴 헨리 레이어드에 의해 우연히 재발견되었다.[1] 레이어드는 행운과 끈기—그리고 히브리 성서 읽기—를 통해 화재로 소실된 아시리아 왕 아슈르바니팔의 도서관을 찾아냈다. 그곳에는 이 고대 서사시가 새겨진 점토판들이 소장되어 있었다. (아슈르바니팔의 도서관이 불길에 휩싸였을 때 점토판들이 단단하게 구워진 덕분에, 이 위대한 작품이 뜻하지 않게 땅속에 묻힌 채로 1천 년 넘게 보존되었다.)

서사시를 발견하는 일과 해석하는 일은 별개의 문제다. 잊혔던 쐐기문자를 판독하는 데 수십 년의 시간이 더 걸렸다. 레이어드는 점토판을 대영도서관으로 옮겼고 그곳에서 위업을 완수했다.[2] 이 텍스트의 해석에 세간의 이목이 쏠렸는데 이 현존 최고最古의 걸작에 빅토리아 시대 영국인에게는 충격적인 정보가 담겨 있었기 때문이다. 바로 구약보다 오래되었으면서 노아와 홍수에 관한 것과 똑같은 이야기였다. 그리스도교 신자들은 이 놀라운 우연을 어떻게 이해했을까? 성서로서 구약의 위상에는 어떤 함의였을까?

이유는 각기 다를지 몰라도 홍수 이야기의 도발적 잠재

[1] Sir Austen Henry Layard, *Nineveh and Its Remains, in Two Volumes*, London: John Murray, 1849, vol. 1, p. 70.
[2] 쐐기문자의 발견과 해독에 관해서는 다음 책의 설명이 훌륭하다. David Damrosch, *The Buried Book: The Loss and Rediscovery of the Great Epic of Gilgamesh*, New York: Henry Holt, 2006.

력은 오늘날에도 사그라들지 않았다. 말하자면 나는 그 이야기가 기후변화와 관련된 중요한 텍스트라고 생각한다.[3]

『길가메시 서사시』에 등장하는 홍수 이야기는 히브리 성서에 등장하는 이야기와 놀랍도록 유사하지만 상당히 다르기도 하다. 히브리 성서에서는 다음과 같은 부분을 읽을 수 있다.

> 주께서 보시니, 지상의 인간이 몹시 악하며 그 마음에 품은 모든 것이 몹시 사악했다. 그리하여 주께선 지상에 인간을 지으신 것을 몹시 한탄하며 상심하셨다. 주께서 이르시기를, "땅 위의 인간을 모두 쓸어내리로다. 인간을 시작으로 가축과 땅 위를 기어 다니는 것들, 하늘을 나는 것들을 모두 쓸어내리라. 그것들을 만든 걸 후회하노라."[4]

로버트 앨터의 해석대로 홍수는 징벌이었다. 인간은 신의 계명을 어겼고 신은 인간을 창조한 일을 후회하게 되었다. 신은

---

3 로이 스크랜턴은 환경 문학에 주목한 보기 드문 학자 가운데 한 사람으로서 그의 탁월한 저서에서 『길가메시 서사시』의 중요성을 인정했다. Roy Scranton, *Learning to Die in the Anthropocene: Reflections on the End of a Civilization*, San Francisco: City Lights, 2015.

4 Robert Alter, *Genesis 6*, in *The Norton Anthology of World Literature*, 4th ed., volume A, New York: Norton, 2018, pp. 157 이하.

인간의 창조는 하지 말았어야 할 실수라고 생각하게 되었다. 실수는 인간을 창조한 일만이 아니었다. 모든 생명체가 서로 연결된 죄 많은 존재이고 마찬가지로 쓸어내야 할 대상이었다. 인간이 다른 모든 동물들과 함께 살아남을 수 있었던 것은 유일하게 선한 사람이었던 노아 덕분이었다.

『길가메시 서사시』에서도 인간이 살아남은 것에 관한 세부 사실은 비슷하다. 노아에 해당하는 우트나피쉬팀은 거대한 배를 만들어 동물 무리와 자기 가족을 구한다. 그리고 새들을 보내 지상의 물이 빠졌는지 살피게 했고, 새 한 마리가 나뭇가지를 부리에 물고 돌아오자 기뻐한다. 이런 세부 사실은 성서의 이야기와 놀랄 만큼 비슷해서 빅토리아 시대 영국에 혼란을 야기했다.

그러나 세부 사실이 아무리 비슷해도 이야기의 교훈은 다르다. 『길가메시 서사시』에서 홍수는 이야기의 중심이 아니며, 이야기 끝부분에서 우트나피쉬팀이 길가메시에게 들려준 이야기 속 이야기일 뿐이다. 우트나피쉬팀은 신의 징벌을 이야기 틀로 삼지 않고, 그저 신들이 홍수를 일으키기로 결정했다는 말로 이야기를 시작한다. 신들이 왜 그랬는지는 설명하지 않는다. 어느 신이 우트나피쉬팀에게 신들의 은밀한 파괴 계획을 귀띔하면서 배를 만들어 세상의 동물들을 대피시키라고 일러준다. 시련이 끝나자, 어느 여신이 "분별없이" 홍수를 일으켰다며 위대한 신 엔릴을 질책한다.[5] 그저 가정일 뿐이지만, 여신은 다음과 같이 인정한다. "죄를 지은 자를 벌하고 금기를 어긴 자들을 벌하되/관대하게 하라."[6] 그런데 여신은 이어서 덜 극단적이고 더 분별력 있었을 처방을 제시한다. "사자를 일으켜 인구를 줄이라" "늑대를 일으켜 인구를 줄이라" "기근을 일으켜 지상을 혼란에 빠뜨리라" "역병을 창궐시켜 지상을 혼란에 빠뜨리라."[7] 여기서 핵심은 죄와 벌이 아니라 인구 조절에 가까운 어떤 것이다. 인간의 개체수가 너무 늘어났기에 가려내서 없애야 한다는 말이다. 여신은 홍수로 모두를 쓸어버리는 것보다 더 나은 방법이 있다고 말하고 있다. 그리고 서사시는 여신의 관점을 확증해준다.

이제 우리는 홍수에 관한 두번째 이야기, 시간상으로는 더 앞선 판본의 이야기를 입수했지만 성서의 홍수 이야기가 여전히 더 지배적인 위치에 있다. 기후변화에 관한 논쟁에 죄와 벌, 위반과 응보에 관한 도덕적 색채의 관념들이 동원된다는 점이 한 가지 이유일 것이다. 또 다른 이유는 물론 『길가메시 서사시』보다 히브리 성서의 영향력이 더 크다는 사실이다. 그런데 이 두 가지는 같은 이유이지 않을까? 성서의 윤리가 기후에 관한 현재 우리의 사고를 상당한 정도로 형성하고 있

---

5   *The Epic of Gilgamesh*, Benjamin R. Foster(trans.), New York: Norton, 2001, tablet XI, lines 173, 186.

6   *The Epic of Gilgamesh*, tablet XI, line 187.

7   *The Epic of Gilgamesh*, tablet XI, lines 191~96.

다. 사실상 인간에 의한 기후변화는 명백히 우리 잘못이라는 이유를 들어서 도덕적 잣대로 기후변화를 보는 것이 합당하다고 주장하는 사람도 있을 것이다. 우리는 노아를 본받아서 새로운 방주를 만들어 우리 자신을 구원해야 할지 모른다(일론 머스크Elon Musk의 화성 이주계획도 그런 노력인 걸까?) 작인과 책임의 문제는 어디에나 있고, 구약은 도덕극과 해결책의 형태로 강력한 경고를 보내고 있는 듯하다.

그러나 오늘날 의로움과 죄에 관한 종교적 우화는 인간이 초래한 기후변화의 원인과 결과를 지적하거나 그 문제를 해소하는 데 별 도움이 되지 않는다는 점이 분명해지고 있다. 전원을 끄고 무공해의 도덕적 삶을 사는 정의로운 재활용품 사용자가 인류를 구할 수는 없을 것이다. 홍수 이야기가 유용하려면―솔직히 그 이야기를 완전히 버리는 편이 더 나을 테지만―죄와 벌보다는 인구 조절, 그리고 인간과 환경의 관계에 더 관심을 기울이는 『길가메시 서사시』의 이야기가 나을 것이다.

홍수라는 생각 자체에 놀랐을 건조 지역 예루살렘 주민들과 달리, 메소포타미아인들은 주기적으로 홍수를 겪었다. 티그리스강과 유프라테스강이라는 두 개의 큰 강 사이에 살았던 그들은 (그리스어로 메소포타미아는 "강 사이의 땅"을 의미한다) 강의 주기적인 범람을 통해 경작지에 새로운 토양과 양분을 얻음으로써 집약농업을 고안할 수 있었다. 관건은 강의 주기적인 범람을 통제하는 일이었다. 메소포타미아인들은 이를 위해 정교한 운하 체계를 만들었고, 이런 사실은 『길가메시 서사시』에도 언급된다. 이는 대규모 공사로 환경 통제를 시도한 최초의 사례였다. 운하는 훌륭하게 작동했지만, 결국 홍수를 피하지 못했다. 그리고 그 일은 인간들에게 예나 지금이나 환경공학에 따르는 한계와 위험을 일깨웠다, 아니 일깨워야만 했다. 비옥한 범람원에 정착하는 사람이 많아질수록 거센 홍수에 노출되는 사람이 많아졌고 큰 위험이 따르는 순환 주기가 시작되어 오늘날까지 이어졌다. 무엇보다도 『길가메시 서사시』는 이런 형태의 오만한 도전에 대한 경고다.

모든 관심이 홍수에 쏠렸지만 『길가메시 서사시』에는 인류가 정착 생활을 하며 환경과 어떤 관계를 구축했는지 알려주는 더 중요한 부분이 있다. 이 서사시는 일종의 위기로 시작한다. 길들지 않은 자연의 피조물 하나가 자연스러운 사물의 질서를 깨트리고 있었다. 그 피조물은 인간들이 야생동물을 잡으려고 놓은 덫을 부수고 파놓은 구덩이를 메우며 다른 동물들이 인간에게서 달아날 수 있게 도왔다. 한 사냥꾼이 그 피조물을 발견했다. 온몸이 털로 덮이고 머리에 긴 갈기가 나 있던 그 피조물은 가젤과 나란히 풀을 뜯고 물웅덩이에서 다른 동물들과 어울렸다.

이 야생의 피조물에 관한 서사시의 설명은 환경의 관점

에서는 홍수 못지않게 중요하다. 사실 이 피조물은 엔키두라는 이름의, 일종의 인간이다. 우리가 이런 사실을 아는 것은 신들이 우루크의 왕 길가메시를 다스리기 위해 엔키두를 창조했기 때문이다. 길가메시는 자신의 힘을 어떻게 써야 하는지 모르는 인물이었다. 그는 주로 남자들과 싸우거나 여자들을 겁탈하는 등 제멋대로 행동하며 분란을 일으켰다. 어떻게든 상황을 바꿔야 한다고 판단한 신들은 진흙을 빚어 길가메시를 본뜬 엔키두를 창조했다. 그러나 엔키두는 한동안 동물들과 어울려 지냈고 인간과 어울리지 못했다. 그는 아직 온전한 인간이 아니었다.

그렇게 엔키두가 인간 사회에 적응하기 위한 드라마가 시작된다. 그는 수염을 깎고, 옷을 입고, 음식을 익혀 먹고, 다른 동물들과 어울리지 말아야 했다. 이 과제는 여성을 보내 그를 유혹함으로써 완수되었다. 엔키두가 여성에게 유혹을 받은 후 다른 동물들이 그를 멀리했고, 엔키두는 어쩔 수 없이 인간들에게 자신의 운명을 맡겨야 했다. 인간 사회에 들어온 엔키두는 길가메시의 친구가 되었고 (두 사람은 처음에는 싸웠지만 곧 화해했다) 빵을 먹고 맥주 마시는 법을 익혔다. 엔키두는 그때 비로소 온전한 사람이 되었고 그런 다음 시는 다른 주제로 전환한다. 연인을 방불케 할 만큼 절친이 된 두 사람이 세상으로 나가는 모험 이야기였다.

여기서 『길가메시 서사시』는 인간과 비인간 사이에 경

계를 그었다. 생물학적으로 인간일지라도 야생에 살며 풀을 뜯는다면 인간이 아니다. 야생을 버리고 정착하지 않는다면, 정착 생활을 가능하게 하는 집약농업의 생산물인 빵과 맥주를 먹고 마시지 않는다면 인간일 수 없다.

더 구체적으로 서사시는 인간을 닮은 야생동물과 인간 사이에 선을 그은 정도가 아니라 벽을 쌓았다. 길가메시는 자신이 다스리는 도시 우루크를 에워싼 성벽을 재건한 것으로 유명하다. 그 도시의 성벽과 건축물 또한 『길가메시 서사시』가 눈에 보이게 자랑삼는 것들이다. 본격적인 이야기가 시작되기 전 『길가메시 서사시』는 독자들에게 도시를 둘러볼 기회를 제공한다.

> 그[길가메시]는 우루크에 방벽을 쌓았다.
> 신성한 에안나의 눈부신 보고寶庫!
> 구릿빛으로 빛나는 성벽 위를 보라,
> 어디에도 비할 데 없는 성벽의 아래층을 보라,
> 세월의 흔적이 깃든 돌계단을 오르라,
> 이슈타르의 거처, 에안나로 가라,
> 훗날 어느 왕도, 어떤 사람도 이룰 수 없으리라.
> 우루크의 성벽에 올라 거닐어보라,
> 기단을 살펴보고 석공 기술을 눈여겨보라.
> 가마에서 구운 벽돌을 쌓은 석조물 아닌가?

일곱 장인이 쌓은 토대 아닌가?
도시가 1평방마일, 정원이 1평방마일,
진흙 채굴지가 1평방마일, 이슈타르 신전이 0.5평방마일로,
우루크의 규모가 3.5평방마일이로다![8] [1평방마일=약 2.6 평방킬로미터—옮긴이]

이 단락은 우리에게 흥미진진한 여행 안내서처럼 읽힌다. 풍광을 빠짐없이 설명하고 보이는 것마다 찬사를 늘어놓는다. 우리는 이 성벽도시가 진흙으로 이룬 기적임을 알게 된다. 진흙은 이 도시의 성벽을 만든 자재이며, 가마에서 구운 벽돌의 원료다. 흙벽돌은 집과 사원의 건축재이기도 하다. 진흙이 얼마나 중요한지 여행 안내서에서 진흙 채굴지를 언급할 정도다.

흙벽돌 성곽으로 둘러싸인 이 도시는 엔키두를 데려와야 할 세계다. 이곳에서는 흙으로 빚은 낫이나 부싯돌로 밀을 수확하고, 흙으로 빚은 솥에 밀을 익히고, 흙으로 빚은 그릇에 밀을 보관하고, 흙으로 빚은 잔에 보리를 발효시켜 만든 맥주를 따라 마신다. 인간과 동물을 가른 성벽은 도시와 시골도 가른다. 『길가메시 서사시』는 도시 생활을 찬양하고 광야는 인간이 살기에 적합하지 않다고 일축한다.

8　　*The Epic of Gilgamesh*, tablet I, lines 11~24.

우루크를 찬양할 이유는 많다. 세계 최초의 대도시 가운데 하나이며 좁은 지역에 5만 명 넘는 주민이 밀집해 있다. 그러나 서사시에 나오는 도시 생활에 대한 찬사가 내게는 도시 생활을 수호하려는 여행 안내서의 과장된 말처럼 들린다. 최근 어느 학자는 인상적인 길가메시의 도시 성벽이 엔키두 같은 야생동물의 접근을 막고 우루크의 선한 사람들을 보호하기 위해 지어진 것이라고 주장했다.[9] 정착 생활로 먹거리의 다양성이 사라지고 주민들은 가뭄과 홍수에 노출되며 질병이 확산한 것은 사실이다. 농경 초기에 인간들은 농경 생활의 심각한 결함 때문에 사냥과 채집 생활, 혹은 유목 생활로 돌아가기도 했다. 또한 유목민들에 맞서 도시를 방어해야 했는데 더 다양하게 먹는 유목민들이 대체로 더 강했다. 따라서 도시 생활에 대한 서사시의 찬사에는 선전의 요소가 있다. 어쨌든 엔키두는 제 발로 오지 않았고 속임수를 써서 유인해야 했다.[10]

엔키두를 유혹해 도시 생활로 끌어들이자마자 두 친구는 다시 도시를 떠난다. 그들의 목표는 멀리 떨어진 곳에서 삼

---

9 James C. Scott, *Against the Grain: A Deep History of the Earliest States*, New Haven: Yale University Press, 2017.

10 스콧의 책에 대한 논의로는 나의 다음 서평을 참고. Martin Puchner, "Down with the Scribes?," *Public Books*, April 16, 2018. https://www.publicbooks.org/down-with-the-scribes(2020년 10월 11일 검색). 나는 스콧의 책을 처음 읽고 서평을 썼을 때보다 지금 그의 주장에 훨씬 더 공감한다는 점을 덧붙이고 싶다.

나무 숲을 철통같이 지키며 살아가는 괴물 훔바바를 제거하는 일이었다. 이 일화는 서사시 전체에서 중심 위치를 차지하며, 이 일을 계기로 길가메시와 엔키두의 우정이 끈끈해진다. 길을 가면서 길가메시는 재앙을 예고하는 꿈에 시달리는데, 그때마다 엔키두는 그 꿈들을 긍정적으로 해석하고 길을 계속 가자고 설득한다. 야생동물로서 엔키두의 과거가 완전히 잊힌 것은 아니다. 들판을 지나는 동안 길가메시는 친구 엔키두가 그곳에 살았으며 야생지가 그의 고향임을 깨닫는다. 아마도 길가메시의 꿈을 해석할 수 있는 엔키두의 권위는 여기서 비롯되었을 것이다.

길가메시의 불길한 꿈을 포함해 모든 역경을 극복한 두 친구는 마침내 그토록 고대하던 괴물을 만날 수 있었다. 당연하게도 위대한 길가메시는 전투에서 훔바바를 물리쳤고 서사시는 그 장면을 얼마간 상세히 묘사한다. 다시 한번 야생은 도시 생활의 지배자에게 패배한다. 흥미롭게도 훔바바는 엔키두를 자신과 같은 야생의 존재로 인식하는 듯하다. 그래서 훔바바는 엔키두에게 목숨을 구걸한다. "당신은 내 숲의 전설을 알고 있소/내가 하는 말을 다 알잖소." 훔바바는 엔키두에게 꽤 정확히 말했다.[11] 그러나 엔키두가 이제 자신의 과거를 부정하고 길가메시보다 더 철저히 도시 편에 섰음을 알아채

---

11   *The Epic of Gilgamesh*, tablet V, line 57.

지 못한다. 엔키두는 이제 막 회심한 자의 열정으로 길가메시를 부추기며 괴물을 죽이라고 설득한다.

부정한 일을 마친 두 사람은 정말로 하려고 했던 일, 바로 나무 베는 일을 시작한다. 화자는 "길가메시가 나무를 베네/엔키두가 목재를 고르네"라고 말한다. 그리고 엔키두가 이유를 자세히 설명한다.[12] 엔키두는 길가메시에게 이렇게 말한다. "당신은 당신의 힘으로 수호신을 죽였소/당신 말고 누가 이 숲의 나무를 벨 수 있겠소?/나의 벗이여, 우리는 삼나무를 쓰러뜨렸소/하늘을 찌를 듯이 높이 치솟은 삼나무를./높이 12큐빗의 여섯 배(72큐빗), 너비 12큐빗의 두 배(24큐빗)의 문을 만듭시다/두께는 1큐빗으로 합시다/아주 특별한 문설주와 물미와 경첩을 달도록 합시다."[13] 신비한 숲을 모험하고 훔바바와 겨룬 일은 도시 건설에 필수적인 자원을 얻으려고 힘을 쏟은 벌목 원정과 다름없었다.

거대 도시 우루크는 대부분 진흙으로 건설되었지만, 문과 지붕은 목재를 사용했다. 물론 우루크만 그랬던 것은 아니다. 메소포타미아 지역에 점점 더 많은 도시가 건설되었는데—결국 정착 생활이 그리 나쁘지 않았다는 뜻이다—이는 벌목 원정이 점점 더 많아지고 점점 더 많은 숲이 파괴되었음을 뜻한다. 지배자들은 최초의 도시 건설 붐을 감당하기 위해 점

12   *The Epic of Gilgamesh*, tablet V, lines 108~109.
13   *The Epic of Gilgamesh*, tablet V, lines 111 이하.

점 더 멀리 목재를 운반해야 했다. 두 친구 길가메시와 엔키두가 우루크로부터 1126킬로미터나 떨어진 레바논까지, 훔바바와 그의 삼나무 숲을 찾아간 것은 바로 이런 이유 때문이다. 정착 생활에 맞게 풍경이 바뀌고 점점 더 많은 자원의 추출이 필요했다. 씁쓸한 아이러니다. 한때 야생동물이었던 엔키두는 이제 도시 거주자들을 위해 일하며 한때 그를 길러준 환경을 파괴한다. 훔바바의 숲은 평범한 숲이 아니라 신성한 숲, 인간의 손길이 닿지 않은 숲이었다. 식물학의 언어로 바꾸어 말하자면, 단연코 환경적으로 가장 중요한 원시림이었다. 훔바바가 옳았다. 엔키두는 숲에 관해 모든 것을 알고 있었으며 더 잘 알아야 했지만 더는 개의치 않았다. 엔키두는 옷을 좋아하고 빵과 맥주를 좋아하고 여자들을 좋아하고 무엇보다 그의 절친이자 도시 성벽의 건설자인 길가메시를 좋아한다.

이 이야기는 인간 주변에 그어진 선, 곧 성벽을 정당화한다. 숲에 사는 사람들은 괴물이고 제거되어야 한다. 숲은 삶의 장소가 아니다. 나무를 베고 그것들을 도시로 가져와 집을 짓고 가마에 불을 때서 벽돌을 단단히 굳히기 위해 존재하는 곳이다.

흥미롭게도 『길가메시 서사시』는 이런 자원 추출을 설명하며 이 일을 수행한 두 영웅을 칭송케 한다. 그런데 이 서사시는 그 일에는 엄청난 대가가 따른다는 것 또한 보여주는데, 그들이 치를 대가는 두 침입자를 벌하기로 한 신들의 결정이라는 형태를 취한다. 길가메시는 살아남지만, 엔키두는 죽어야 한다. 엔키두가 서서히 고통스럽게 죽어가자 길가메시는 괴로운 마음을 가누지 못한다. 길가메시는 엔키두의 코에서 벌레가 기어나오는 모습―이 서사시에서 가장 감정적이고 애처롭고 애잔하게 묘사된 장면 가운데 하나다―을 보기 전까지 그가 죽었다는 사실을 믿지 못한다.

이 서사시에서 혼란에 빠진 길가메시는 어떻게 되었을까? 그는 도시를 떠나 야생의 세계를 방황한다. 길가메시는 세상 끝에서 다른 끝으로 이동한다. 그의 가장 친한 친구가 한때 그랬듯이 그는 누더기를 걸치고 초원에서 살아간다. 도시를 떠나 야생의 세계로 향했다는 점에서 정반대의 선택이었지만, 그는 마치 엔키두의 생명을 되살리려 하는 것 같았다.

방황하던 길가메시는 세상 끝에서 우트나피쉬팀과 마주친다. 그리고 그에게서 홍수 이야기를 듣는다. 그가 찾고 있던 바는 아니다. 그는 영생을 얻고자 했지만 기회를 놓치고, 서사시의 마지막 부분에서 마침내 우루크로 돌아가 편안한 죽음을 맞는다. 서사시는 우리에게 성벽, 벽돌, 사원, 진흙 채굴지 등 그 도시를 위대하게 만든 것들을 둘러볼 또 한 번의 기회를 선사하며 마무리된다. 인간과 동물, 문명과 야만의 차이를 규정하는 한 편의 서사시는 이렇게 성벽에 둘러싸여 보호받는 정착 생활의 승리로 마무리된다.

『길가메시 서사시』는 인간의 정착 생활, 생태를 파괴하는 길로 들어선 우리의 생활 방식에 관한 최초의 중요한 기록이다. 그런 점에서 이 서사시는 우리가 어떻게 여기까지 이르게 되었는지를 알 수 있는 중요한 단초를 제공한다. 나아가 오늘날 이 서사시를 읽는 것이 얼마나 중요한 일인지, 특히 우리의 생활 방식이 처음에 어떻게 시작되고 정당화되었으며 어떻게 바뀌어야 하는지에 계속 집중하면서 결을 거슬러 읽는 것이 얼마나 중요한 일인지 보여준다.

이런 상황에서 우리는 이런 근원의 이야기foundational story를 새롭게 읽을 필요가 있다. 성벽을 믿지 않고 성벽 안 도시 생활을 지탱하는 것은 풍부한 자원을 갖춘 성벽 밖 환경이라는 사실을 인정하는 새로운 읽기가 필요하다. 제디디아 퍼디가 최근 주장한 것처럼, 넓은 의미에서 하부구조라 부를 수 있는 것, 곧 전체 생태계의 맥락에서 공학과 농경을 포함하는 하부구조에 초점을 맞춘 읽기가 필요하다.[14] 『길가메시 서사시』의 용어들로 옮기자면, 하부구조에는 우루크의 도시뿐 아니라 도시의 농업을 지탱하지만 파괴적 홍수로 도시를 위협하기도 하는 티그리스강과 유프라테스강은 물론 레바논의 숲도 포함된다.

---

14 Jedediah Purdy, *This Land Is Our Land: The Struggle for a New Commonwealth*, Princeton: Princeton University Press, 2019.

그러나 앞서 제안한 『길가메시 서사시』의 환경적 읽기는 문학의 오랜 역사를 그 다양한 형태의 발전 속에서 자원 추출을 묘사하고 정당화하는 많은 증거자료로 바라볼 수 있는 하나의 예시에 불과하다. 사실, 나는 세계문학의 모든 정전을 그런 연구 대상으로 삼을 수 있다고 믿는다. 내가 여기서 제안한 환경적 읽기를 위해 특별한, 이를테면 자연 묘사에 초점을 맞춘 텍스트나 장르를 선별할 필요는 없다. 오히려 모든 텍스트와 장르는 환경적 읽기가 가능하다고 주장하는 바다. 본래 문학은 기후변화를 초래하는 생활 방식에 연루되어 있기 때문이다. 누군가 일정한 패턴을 찾는 일에 착수한다면, 문학이 일관되게 (그러면서도 다양하게) 문명과 자연을 구분해온 사실에 놀랄 것이다. 다양성을 확인할 수 있는 몇 가지 예를 더 살펴보자.

『길가메시 서사시』에서 벗어나 고대 세계의 또 다른 서사시 『오뒷세이아』로 가보자. 이 서사시에서 초점을 맞출 것은 대안적 형태의 상업과 농업에 주목하고 있는 퀴클롭스의 일화다. 일화 전체는 결국 그리스의 해상무역과 그리스 특유의 농업 방식에 참여하지 않은 사람들의 퇴출로 귀결된다.

퀴클롭스에 관한 부정적인 이야기는 당연하게도 오뒷세우스 자신이 들려준다. 오뒷세우스는 조난당한 뱃사람으로서 그를 맞아준 사람들, 그의 운명을 쥔 사람들의 환심을 사려 애쓰고 있었다. 그래서 오뒷세우스는 앞서 그를 맞았던 사람들의 푸대접을 과장하는 경향이 있다. 퀴클롭스에 대한 첫 묘사는 그들의 기이한 농업 방식에 초점을 맞춰 구성된다. "그들은 신들에게 의탁한다,/그래서 씨앗을 심지 않고 쟁기질도 하지 않는다./그런데도 보리며 밀이며 무성한 포도 넝쿨까지/그곳에서는 모두 제우스 신이 내린 비를 맞고 잘 자란다."[15] 언뜻 전형적인 농업 사회인 것처럼 들리며, 어쩌면 정착 생활을 유지하면서 오뒷세우스가 언급한 곡식 대부분을 처음 재배했던 메소포타미아와 비슷해 보인다.

그런데 두 사회에는 한 가지 중요한 (오뒷세우스에게 중요한) 차이가 있다. 퀴클롭스는 일하지 않고 이 작물들을 생산한다. 이는 두번째 차이로 이어진다. 곧, 그리스의 전형적인 정치 조직이 그들에게는 없다는 점이다. "그들에게는 회의체도 없고 관습법도 없다,/그저 높은 산꼭대기 동굴에 살며,/남들은 아랑곳하지 않고 각자 아내와 아이들을 거느리고 산다."[16] 오뒷세우스는 공동체나 정치체의 개념 없이 살아가는 개별 가족의 극단적 고립을 묘사한다. 여기서 다시 도시 거주는 그리스의 일반적인 도시 국가들에서나 누릴 수 있는 특권

---

15 Homer, *The Odyssey*, Emily Wilson(trans.), New York: Norton, 2018, Book 9, lines 108~11.

16 Homer, *The Odyssey*, Book 9, lines 111~15.

으로 여겨진다.

마지막으로 오뒷세우스가 이상하게 여긴 점은 퀴클롭스가 해상무역에 참여하는 대신 다른 세상에서 (상대적) 고립 속에 살아간다는 점이다. 오뒷세우스는 이 풍요로운 섬을 보자마자 그리스 제국이 여기서 무엇을 이룰 수 있을지, 어떤 항구를 만들 수 있고, 어떤 밭을 일굴 수 있고, 어떤 무역을 할 수 있을지 상상하기 시작했다. 확실히 퀴클롭스는 그들이 가진 천연자원으로 무엇을 할 수 있는지 알지 못하고, 토지의 잠재력을 깨닫지 못한다. 『길가메시 서사시』의 엔키두와 마찬가지로 그들은 "야생"이다.

이렇게 부정적인 틀 짓기framing를 끝낸 뒤, 오뒷세우스는 이곳에서 실제 벌어진 일을 설명하기 시작한다. 오뒷세우스와 그의 일행들은 도착하자마자 퀴클롭스 하나가 사라진 사실을 알아챘지만 아랑곳하지 않고 동굴로 들어간다. 이제 잔혹한 폴뤼페모스의 흥미진진한 이야기가 시작된다. 그는 환대의 의무를 저버렸으며(목숨이 걸린 문제였기에 오뒷세우스는 청중의 지지를 구한다), (훌륭한 집주인이라면 응당 그렇듯 사람들에게 음식을 대접하는 대신) 사람들을 죽이고 잡아먹는다. 오뒷세우스는 속임수를 써서 이 괴물 같고 주인답지 못한 주인, 폴뤼페모스를 쓰러뜨려야 했다. 오뒷세우스는 특별한 포도주로 그를 취하게 만들었다. 손님을 잡아먹는 폴뤼페모스가 술에 취해 곯아떨어지자, 오뒷세우스는 장대

하나를 날카롭게 다듬은 뒤 불에 달구어 퀴클롭스의 하나뿐인 눈을 찌른다.

이 대목에서 이야기는 몹시 잔인해진다. 오뒷세우스는 한 가지가 아니라 두 가지 비유를 들어 자신의 복수를 설명한다. 먼저 오뒷세우스는 퀴클롭스의 눈에 비틀어 넣은 막대를 배 만드는 데 쓰는 송곳에 비유한다(다시 한번 해상무역과 기술의 중요성을 환기한다). 그러고 나서 퀴클롭스의 눈이 지글지글 타 들어가며 내는 소리를 대장장이가 벌겋게 달군 철을 (퀴클롭스는 갖지도 못했고 쓸데도 없는 또 다른 기술이다) 양동이에 넣을 때 나는 소리에 비유한다. 에밀리 윌슨Emily Wilson의 직설적이고 강렬한 번역에서 이 두 가지 비유는 다음과 같이 표현된다.

> 그들은 끝을 뾰족하게 다듬은 올리브나무 창을 집어 들어,
> 그의 눈을 찔렀다. 나는 창끝에 몸을 기대어
> 창을 돌렸다. 배 만들 때 송곳을 돌려
> 목재를 뚫듯이, 밑에서 일꾼들이
> 양쪽 끝에서 뺀은 줄을 이용해 송곳을 돌리듯이,
> 송곳은 그렇게 돌고 돈다, 그리고 우리도 그렇게 돈다
> 그의 눈에 꽂은 불붙은 창을 돌린다. 창 주위로
> 그의 피가 솟구쳤다. 그리고 불꽃이
> 그의 눈꺼풀과 눈썹을 지글지글 태우고 눈의 뿌리까지 태

위버렸다.

    대장장이가 도끼나 손도끼를 물에 담가

    차갑게 식힐 때처럼, 요란하게

    지글거린다. 이때 철은 강해진다.

    그의 눈알도 그렇게 창끝에서 지글거렸다.[17]

그런데 오뒷세우스는 몹시 고대하던 이 복수극에 우리를 초대하기 전, 무심결에 그가 구상한 이야기와 모순되는 퀴클롭스들의 삶을 상세히 묘사한다. 오뒷세우스는 처음에 퀴클롭스들을 그저 신이 내린 풍요를 누리기만 하는 게으른 수혜자들로 묘사했지만, 이제 우리가 알게 된 바에 따르면, 실제 그들은 생계를 위해 아주 열심히 일하는 사람들이다. 우선 폴뤼페모스는 집 안을 깔끔히 정돈한다. "치즈를 지질러놓은 대바구니가 눈에 띄었고/연령별로 분류한 양들이 우리 안에 가득했다."[18] 그리스 도시 국가들 가운데서도 최고의 도시들 주변에서나 볼 법한 세심한 가축 사육과 농사의 증거를 어디서나 볼 수 있다. 퀴클롭스들이 남들과 단절되어 살아간다는 말도 틀렸음을 오뒷세우스 스스로 증명한다. 앞을 못 보게 된 폴뤼페모스가 도움을 청하자 즉시 도움의 손길이 찾아왔다. "[그가] 바람 부는 높은 낭떠러지 주변 동굴에 사는 퀴클롭스들을

17   Homer, *The Odyssey*, Book 9, lines 382~94.
18   Homer, *The Odyssey*, Book 9, line 219.

향해 소리쳤다./그의 비명을 들은 퀴클롭스들이 사방에서 달려와 동굴 앞에서 소리쳤다. '폴뤼페모스!/무슨 일인가? 다쳤나?/이 성스러운 밤에 왜 그렇게 소리쳐서/우리를 깨우는 건가? 누가 자네 가축을 훔쳤나? 아니면 자넬 속이거나 힘으로 죽이려고 하나?"[19] 분명히 이들은 고립된 삶을 사는 사람들이 아니라, 고통에 빠진 구성원을 구하기 위해 한달음에 달려오는 하나의 공동체다. 퀴클롭스는 서로를 돕고 번듯한 사회를 구성하고 있었다.

『길가메시 서사시』와 마찬가지로 『오뒷세이아』는 문명과 야만을 구분한다. 그 구분선은 농업과 관련이 있다는 점에서 『길가메시 서사시』와 정확히 일치하지는 않아도 상당히 비슷하다. 여기서 우리가 다루고 있는 것은 풀을 뜯는 야생동물이 아니라 (실제로는 그렇지 않지만) 노동 없이 성공했다는 농사와 가축 사육에 관한 기이한 그림이다. 호메로스가 퀴클롭스에게는 없지만 그리스 경제의 핵심이었던 원거리 무역과 해운을 강조한다는 점도 마찬가지로 중요하다. 이렇게 서로 다른 경제의 토대는 이 이야기와 서사시 전체에 중심이 되는 환대 관행에 대한 서로 다른 태도도 설명해준다. 원거리 무역에서 환대는 특히 중요한 요소다. 그러나 자급농업을 하므로 환대가 중요하지 않은 퀴클롭스들은 거리낌 없이 환대

19 Homer, *The Odyssey*, Book 9, lines 403 이하.

의 규칙을 어긴다.

농업과 가축 사육, 무역에 관한 재현은 세계문학 정전 전반에서 찾아볼 수 있다. 다음으로 살펴볼 사람은 호메로스를 모방한 로마의 베르길리우스다. 그의 작품 『아이네이스』는 또 다른 근원의 이야기로서 도시 공간의 파괴와 건설을 둘러싸고 전개된다. 트로이의 파괴에서 시작해 로마 건국으로 마무리되는 이 작품의 서사는 두 도시를 잇는 끈과 같다. 농경, 도시 생활, 자원 추출의 다른 측면들에 대한 이 서사시의 태도를 더 잘 이해하려면, 애초에 로마 같은 도시들이 존재할 수 있게 한 하부구조뿐만 아니라 돌려짓기부터 양봉까지 농업에 관한 로마의 기초 지식을 깊이 파고든 베르길리우스의 또 다른 걸작인 『농경시』를 함께 읽어야 한다.[20] 두 텍스트를 나란히 두고 보면 잘 알지 못하는 사람도 도시 생활과 농업의 상호의존적 관계를 감지할 수 있다. 이런 상호의존성을 강조하

---

20   나는 베르길리우스의 『농경시』 번역본 가운데 탁월한 고전학자이자 자연학자인 재닛 렘브크의 번역본을 가장 좋아한다. *Virgil's Georgics: A New Verse Translation*, Janet Lembke(trans.), New Haven: Yale University Press, 2005. 또한 베르길리우스의 『농경시』에 관한 스테파니 번하트Stephanie Bernhard의 해석에 크게 신세를 졌음을 밝혀둔다. 그 해석은 훌륭한 학위 논문의 일부분으로 곧 단행본으로도 출간될 예정이다. 또한 "종의 이야기," 곧 하나의 종으로서 우리의 이야기를 어떻게 서술할 것인가를 연구한다는 번하트의 발상에도 크게 공감한다. 그런 생각은 이 책의 끝부분에서 내가 주장한 바이기도 하다.

는 것이야말로 환경적 읽기가 추구할 수 있는 일이다.

도시화한 세계와 이제는 대자연으로 보이는 것 사이의 상호작용은 다수의 근원 서사시들에서 매우 중요하다. 그런데 이렇게 환경적 읽기가 가능한 장르들은 더 있다. 이를테면 야생의 선별 요소들을 독자들의 인간 세계에 적용시킨 동물 우화를 꼽을 수 있다. 고대 세계에 글이 확산하면서 더 많은 구전 설화가 글로 기록되었는데, 그중에서도 특히 짧은 이야기, 동물 우화가 글로 기록되었다. 이 이야기들은 채록되어 때로 하나의 이야기 틀로 엮이기도 했다. 기원후 1천 년 동안 그런 우화집은 하나의 보편적 장르로 자리 잡았다.

남아시아의 『판차탄트라』는 가장 중요한 동물 우화집으로 왕자들을 교육하기 위한 도구로서 구성되었다. 그 우화들에서 말하는 동물들은 장차 왕위를 책임질 왕자들을 교화하기 위해 신랄한 도덕적 교훈이 담긴 장면들을 그려낸다. 이 이야기들은 큰 성공을 거둬서—왕자들의 성공에 관해서는 거의 알려진 바가 없지만—다른 많은 우화집에도 등장한다. 마찬가지로 남아시아에서 유래한 『자타카 이야기』 역시 동물 우화를 바탕으로 하지만 불교의 세계관에 맞게 교묘한 장치를 가미했다. 바로 부처 자신이 전생에 동물의 몸으로 살았다는 이야기를 직접 들려주는 설정이다. 동물 우화는 『천일야화』나 『이솝 우화』(동양의 이야기들을 차용했다)에도 포함되며 그 밖에 다른 많은 설화집에도 등장한다. 이런 텍스트들을 비교해서 읽으면 이야기들이 어떻게 하나의 설화집에서 다른 설화집으로, 하나의 문화에서 다른 문화로 옮겨 가는지 추적할 수 있다. 때로 같은 교훈을 전하더라도 이야기가 전승되고 채록되는 지역에 서식하는 동물의 종류에 따라 등장하는 동물들이 달라지기도 한다.

이 우화들은 문학을 수단 삼아 자연의 동물들을 도시로 데려올 뿐 아니라 그들에게 말을 하게 하여 인간의 삶에 동화시킨다는 공통점이 있다. 동물 우화를 읽기 위해서는, 엔키두 같은 야생의 존재를 길들이고 인간의 사회성 영역으로 끌어들이는 다양한 방식으로서 우화를 해석할 필요가 있다. 이런 이야기들 속에서 동물들은 대화하고 도덕을 논하며 거의 인간처럼 행동한다. 더 중요한 것은 그들이 인간의 관심사들을 규정한다는 점이다. 특히 『판차탄트라』의 왕자 교육이나 『천일야화』의 화자 셰에라자드의 생존처럼 이야기들을 한데 묶어주고 목적을 부여하는 틀과 연결시킬 때 이런 관심사들이 한결 더 선명해진다. 틀이 되는 이야기는 담겨 있는 이야기들의 진정한 목적을 배반하거나 아니면 그 이야기들에 나름의 인간적이고 세련된 목적을 부여한다.

설화집에서 또 다른 주요 장르인 소설로 눈을 돌리면, 기후변화의 관점에서 소설을 읽는 것이 또 다른 형태의 도전임을 알 수 있다. 세계문학 최초의 위대한 소설 『겐지 이야기』는 1000년경 헤이안 시대 어느 궁녀가 쓴 것으로 대부분의 사건

이 도성 안 몇 곳에서, 그리고 거의 모두 실내에서 벌어진다. 구성원을 바깥 세계로 내쫓아버리는 귀양은 가장 큰 형벌로 여겨진다. 수백 년 뒤에 등장한 중요한 중국 소설『홍루몽』에서도 비슷한 일이 벌어진다. 이 소설의 무대는 한 집안의 옥내로 제한된다. 누군가가 이 봉쇄된 공간을 벗어나 도시든 아니든 그곳을 둘러싼 거친 세계로 향하는 흔치 않은 일이 벌어지면 그야말로 지옥문이 열린다.

소설에서 인간의 사회성을 강조하는 일은 현대에 들어 훨씬 더 두드러진다. 최근에, 소설가 아미타브 고시는 리얼리즘의 정전으로 꼽히는 현대 소설 작품들이 지나치게 사회적 세계에만 초점을 맞춘 나머지 사회적 세계를 가능하게 한 자원 추출의 생활 방식을 도외시한다고 비판했다.[21] 그는 이런 좁은 시야에서 벗어나기 위해 우리의 읽기 습관을 확대하고 심화해야 한다고 주장한다.

나는 사실주의적 픽션에 대한 이런 규정에 동의할 뿐만 아니라 읽기를 확장해야 한다는 그의 주장에도 동의하지만, 그렇다고 그의 주장이 사실주의 소설을 읽지 말아야 한다는 뜻이라고 생각하지는 않는다. 오히려 이런 종류의 소설들에서 환경에 관한 관심이 드러나는 걸 찾아볼 수 없다는 사실이야말로 우리가 새로운 종류의 다른 읽기 방식을 통해 면밀

21 Amitav Ghosh, *The Great Derangement: Climate Change and the Unthinkable*, London: Penguin, 2016.

히 검토하고 이해해야 할 부분이다(고시는 바로 그 일을 해냈다). 현대의 다른 많은 과제들이 그렇듯이, 무엇을 읽는지뿐만 아니라 **어떻게** 읽는지도 중요하다. 이런 의미에서 환경적 읽기는 이른바 탈식민주의적 읽기나 다를 바 없는데, 사실주의 작품들 속에 식민주의가 스치듯 지나가며 등장하는 짧은 순간을 포착해 작품을 검토한다는 점에서 그렇게 말할 수 있다. 환경적 읽기의 경우, 텍스트가 자연을 어떻게 보는지뿐만 아니라 세계를 어떻게 야생 지대와 정주 공간이라는 개념적 영역으로 구분하고 야생지를 정복해야 할 곳으로 여기는지도 주목한다.

문학은 최근 들어서야 야생지에서 위안을 찾기 시작했다.[22] 야생지를 추구하고 찬미하는 텍스트들은 지구를 황폐하게 하는 정주 생활의 창조에 문학이 어떤 역할을 했는지 제대로 볼 수 없게 하는 역사적 예외들이다. 문학은 『길가메시 서사시』를 필두로 우리가 방벽을 쌓고 가능성 있는 모든 대안에 맞서 정착 생활을 규정하고 방어하는 데 일조해왔기 때문이다.

이런 주장에서 도출할 수 있는 결론은 세계문학의 텍스

---

22 언제나 그렇듯이, 여기에는 흥미로운 예외가 있다. 이를테면 18세기 이전 야생의 자연에 은둔한 이야기들이 있다. 내가 가장 좋아하는 작품은 가모노 조메이鴨長明의 『방장기方丈記』다. 12세기 일본의 단편으로 산막에 칩거하는 불교 승려를 그린 작품이다.

트 중에 기후변화의 기록이 아닌 것은 없다는 사실이다. 자연에 관한 우리의 이야기가 어디서 왔는지, 어떤 서사가 우리의 정신과 자의식을 사로잡았는지 이해하고 싶다면 문학사 전체를 새로운 방식으로 읽어야 한다. 곧 우리가 정주 동물로 진화한 과정을 추적하는 텍스트, 우리를 농경 생활과 자원 추출로 이끈 가치들을 정당화하는 서사, 우리 삶과 사고의 뿌리 깊은 습관을 뒷받침하는 이야기로 읽어야 한다. 우리가 해온 집단적 선택을 이해하고 그 굴레에서 벗어나기를 원한다면, 이런 이야기들을 식별해야 한다.

2장
회계의 혁명적 변화

문학 작품을 자원 추출에 의지하는 우리의 생활 방식에 관한 사료로 읽는 것은 중요한 일이지만, 그것은 내가 구체화하려는 환경적 읽기의 일면에 불과하다. 문학은 단순히 우리의 집단적 선택의 기록에 그치지 않으며, 문학 자체가 그런 선택의 부산물이기도 하기 때문이다. 달리 말하면, 문학은 중립적인 관찰자가 아니라 깊이 공모한 가담자다.

문학이 자원 추출에 의지하는 우리의 생활 방식에 얼마나 깊이 연루되어 있는지를 이해하는 가장 좋은 방법은 문학의 기술적 차원에 초점을 맞추는 것이다. 바꾸어 말하면, 글쓰기 역사에 초점을 맞추는 것이다. 그런 분석을 시작하기에 가장 좋은 텍스트는 『길가메시 서사시』다. 이 서사시가 자원 추출에 관한 좋은 자료인 동시에 문학 발전에 결정적 역할을 한 텍스트라는 사실은 결코 우연이 아니다. 자원 추출과 문학은 체계적이고도 깊게 얽혀 있다.

최초의 완전한 글쓰기 체계는 초기 메소포타미아의 도시 공간에서 출현했다. 『길가메시 서사시』에서 알 수 있듯이, 그 도시는 흙벽돌로 지어졌는데 이는 도시화를 가능하게 한 경이로운 건축 기술이었다. 그런데 벽돌, 성벽, 가옥을 만들거나, 메소포타미아의 신이 엔키두 같은 사람을 빚는 데에만 진흙이 유용했던 것은 아니다. 진흙은 글쓰기에도 유용했다. 쐐기문자는 3차원의 각인을 새겨 햇볕에 말리거나 가마에 구워서 단단하게 굳힐 수 있는 촉촉한 점토판이 필요했다.

『길가메시 서사시』에서 우루크의 도시 구조만큼이나 자랑스럽게 언급되는 것이 바로 점토판에 글자를 새기는 글쓰기 기술이다. 특히 서사시는 길가메시 자신이 글을 쓸 줄 안다는 사실을 자랑삼는다. 구연되는 노래이며 글이 존재하지 않는 세계를 묘사하는 체했던 호메로스의 서사시(『일리아스』의 경우는 예외다) 같은 초기 서사시들과 다르게 『길가메시 서사시』는 글로 기록된다는 사실을 기뻐한다.[1]

메소포타미아의 서기들이 이 놀라운 문자 발명을 기념하기 위해 기록한 이야기가 있다.[2] 『길가메시 서사시』의 중심 도시인 우루크에서 일어난 이야기로, 초기 우루크의 왕(길가메시의 전임자) 엔메르카르와 이웃 나라 아라타의 왕이 벌이는 힘겨루기를 중심으로 펼쳐진다. 엔메르카르는 아라타의 왕에게 전령을 보내 침략하겠다고 협박하며 복종을 강요했다. 아라타에서는 별 반응 없이 전령을 돌려보내며 도발했고

---

[1] 『일리아스』에서 벨레로폰이 들려주는 이야기 속 이야기에 글쓰기를 언급하는 대목이 있다(*Iliad*, Book VI, lines 168~70). 그 이야기는 글의 배반을 보여준다. 즉 전갈을 받는 즉시 전령을 죽이라는 내용의 전갈이었다. 트로이 전쟁을 겪고 있던 청동기 시대 그리스에는 글이 존재하지 않았음에도, 호메로스가 이 신기술의 배반을 경고하기 위해 그 일화를 끼워 넣었다는 사실은 시사하는 바가 크다.

[2] "Enmerkar and the Lord of Aratta," Herman Vanstiphout(trans.), in *The Norton Anthology of World Literature*, 4th ed., volume A, New York: Norton, 2018, pp. 1074~76.

두어 차례 그런 공방이 오갔다. 아라타의 왕이 도발하면 엔메르카르는 아라타의 왕을 위협했고, 아라타의 왕은 엔메르카르의 위협을 묵살하고 더 크게 도발했다. 마침내 격분한 엔메르카르가 아라타의 왕을 향해 장황한 길이의 폭언을 퍼부었다. 엔메르카르의 신임을 받으며 두 왕 사이를 충실히 오가던 전령은 그의 폭언을 듣고 겁에 질렸다. 너무 길어서 다 기억할 수 없었기 때문이다. 이런 난처한 상황에 직면한 엔메르카르가 점토를 가져와 그 위에 자기의 말을 옮겨 적었고 전령 편에 아라타의 왕에게 보냈다. 전령이 점토판을 들고 도착하자 아라타의 왕은 깊은 인상을 받았고 결국 항복했다.

이 이야기는 두 가지 점에서 흥미롭다. 첫번째는 글쓰기의 힘을 강조한다는 점이다. 작은 점토판 하나가 침략의 위협보다 더 효과적이었다(말할 필요도 없이, 이는 자기 직업의 위력을 우리에게 확신시키고 싶었던 서기가 자화자찬하며 쓴 글쓰기에 관한 설명이다). 또 한 가지 흥미로운 점은 스토리텔링과는 관련이 없다. 엔메르카르와 아라타에 관한 단편적인 기록과 유사하게 메소포타미아에서 초기 글쓰기의 활용은 국가와 관련된 문제였다. 글쓰기는 기록 관리와 최초의 국가 관료제 확립에 사용되었으며 그 덕분에 지배자들은 자신들의 권력을 더 멀리—아라타까지—행사할 수 있었다. 궁극적으로 글쓰기 덕분에 도시 국가는 영토 국가로 변모할 수 있었다. 글쓰기가 발명되고 나서 수백 년도 지나지 않아 『길가메시 서사시』의 초기 판본 같은 더 긴 이야기가 출현했다. 또한 글로 옮겨진 이런 이야기들은 영토 확장의 수단으로 활용되거나 최소한 영토 확장의 혜택을 받았다. 그런 사실은 중동 전역에서 발견되는『길가메시 서사시』의 파편들로 입증된다.

도시 국가와 글쓰기의 긴밀한 관계는『길가메시 서사시』가 왜 그렇게 열심히 도시와 자연을 구분했는지, 그리고 이런 구분이 왜 글쓰기의 기본적인 기술로 (말하자면) 단단하게 굳어졌는지를 설명하는 데 도움이 된다.『길가메시 서사시』를 환경적 문제의 관점에서 읽을 때, 우리는 깊이 연루된 표현 형식을 다루게 된다. 문학이 아주 최근까지 도시, 정주 생활, 노동 분업, 국가의 편에 서 있던 것도 바로 이런 이유 때문이다.

우리의 목적을 위해서는 문학과 도시 생활과 자원 추출의 공모가 그리 나쁜 것만은 아니다.『길가메시 서사시』는 문학이 얼마간 정착 생활의 여러 부산물 가운데 하나임을 보여주고, 인간은 어떻게 살아야 하고 무엇을 먹어야 하며 어떤 자원을 사용해야 하는지, 이런 질서를 거부하는 존재가 있다면 어떻게 다루어야 하는지(불행하지만 훔바바처럼 죽임을 당하거나, 폴뤼페모스처럼 앞을 못 보게 되거나, 엔키두처럼 정착 생활로 유인되는 것이 답이다)에 관한 우리의 이해를 형성해왔음을 보여준다.

메소포타미아에서 도시 생활의 부산물이자 (이제는 야생지로 지칭되는) 배후지에 도시의 가치를 수출하는 수단으로서 발명된 글쓰기 기술은 이집트, 아시리아, 중국 등의 다른 초기 문화권으로 퍼져나갔다. 그들 모두 농업의 발달로 새로운 노동 분업이 가능했고 생산, 판매, 국정 관리를 기록하기 위해 새로운 서기를 채용해야 했다는 공통점이 있었다. 그 서기들이 바로 최초의 사무직 회계사들이었다.

다양한 초기 글쓰기 문화들은 유라시아라는 같은 대륙에 자리했다는 공통점이 있다. 우루크와 아라타의 이야기에 생생히 묘사되었듯이, 글쓰기라는 관념이 단숨에 생겨나 이집트와 중국 같은 다른 초기 글쓰기 문화로 확산되었을 가능성도 있지만 이를 증명하기는 어려워 보인다. 그렇다면 우리가 아는 문학이 한순간 떠오른 영감의 결과물이라는 뜻이기 때문이다.

그러나 메소아메리카에는 전혀 다른 글쓰기의 두번째 기원이 존재한다. 현재의 멕시코 남부에 해당하는 유카탄반도에 도착했을 때 에르난 코르테스는 대포와 철제 무기뿐 아니라 성서도 가지고 있었는데, 바로 요하네스 구텐베르크가 중국의 인쇄술을 새롭게 재발명해 인쇄한 성경이었다. 그곳에서 코르테스는 수천 년 동안 유라시아와 단절된 채 고유의 글쓰기—와 문학—를 발명한 문화와 마주쳤다. 내가 보기에 이 순간이야말로 문학에 대한 광범한 비교 고찰에서 가장 놀라운 결과 중 하나다. 1500년의 풍성한 역사를 지닌 마야 문학은 아직도 극소수 전문가들 외에는 잘 알지 못하는 미지의 영역이다.

마야 문학은 세계 유일의, 완전히 고립된 문학 전통이라는 점에서 독보적이다. 코르테스와 동행한 에스파냐인들이 마야의 책들을 멸절하려고 온갖 노력을 다했지만, 서사시 『포폴 부』를 포함해 일부 작품이 살아남았다.[3] 메소아메리카는 통제된 문학실험실과도 같아서 다른 문자 세계와 전혀 접촉하지 않고 문학을 발전시킨 사회가 존재한다면 어떤 일이 일어날지 가늠해볼 수 있는 곳이다. 흥미로운 점은 마야의 실험에서도 유라시아와 같은 결과가 나온다는 사실이다. 『포폴 부』는 그 농업의 기반을 깊이 인지하고 있었고 특히 해당 사회의 주요 작물인 옥수수를 높이 평가한다.

『포폴 부』에는 인간의 창조에 관한 설명이 담겨 있는데 다른 서사시들보다 더 정교하다. 신들은 네 번의 시도 끝에 가까스로 인간의 창조에 성공한다. 첫번째 시도에서는 인간을 못 만들고 숲의 동물들을 만들어냈는데 창조자들은 동물들

3 『포폴 부』에 관해 좀더 상세히 알고자 한다면 다음 책을 참고하라. Dennis Tedlock, *2000 Years of Mayan Literature*, Berkeley: University of California Press, 2010, 개정개역판. 필자의 다음 책도 참고. Martin Puchner, *The Written World: The Power of Stories to Shape People, History, and Civilization*, New York: Random House, 2017, pp. 171~92.

이 말을 못하자 크게 실망했다.[4] 신들은 포기하지 않고 작업을 이어갔으며 흙과 진흙으로 피조물을 빚어냈다. 그러나 결과물은 기형적이고 알아들을 수 없는 말밖에 못하는 피조물이었으며 결국 물에 녹아버렸다.[5] 이 (두번째) 실험의 실패는 히브리 성서에 등장하는 두 가지 창조 신화 가운데 하나인 흙과 진흙으로 인간을 빚은 (성공한) 창조 신화와 대비될 뿐만 아니라 메소포타미아의 창조 신화와도 대비된다. 분명 마야 문명에서 진흙은 그리 중요하지 않았다. 가장 중요한 건축물과 사원 들은 진흙 벽돌이 아니라 돌로 지어졌다는 점에서 충분히 이해할 만하다(그래서 마야의 건축물들은 대부분 여전히 건재하다).

진흙 실험이 실패하자 신들은 다루기 쉬운 또 다른 재료로 눈길을 돌렸는데 바로 치테 나무에서 얻은 목재였다. 이번에는 모든 일이 훨씬 순조로웠다. 정성스레 조각한 피조물들은 인간처럼 보이고 인간처럼 말할 수 있었다. 그러나 머지않아 이들에게 기억력과 이성 같은 중요한 능력이 없다는 사실이 분명해졌다. 이런 결함에도 불구하고 나무로 만든 인간은 지구상으로 널리 퍼져나갔고 결국 홍수에 휩쓸려 최후를 맞

4 *Popol Vuh: The Definitive Edition of the Mayan Book of the Dawn of Life and the Glories of Gods and Kings*, Dennis Tedlock(trans.), New York: Touchstone, 1985, p. 68.
5 *Popol Vuh*, p. 69.

이했다. 오늘날에는 이 가운데 원숭이만이 남아서 실패로 돌아간 이 세번째 시도를 상기시킨다.[6]

이렇게 거듭된 인간 창조의 행위를 설명하는 데 지쳤다는 듯이 『포폴 부』는 이제 다른 데로 관심을 돌려, 신들을 상대로 위험한 공놀이를 하려고 지하세계로 내려간 신비한 반신반인들의 이야기와 그들의 적이자 그들을 압도하는 신들을 속인 쌍둥이 협잡꾼의 이야기를 들려준다. 시의 마지막 장을 눈앞에 두고서야 비로소 창조의 주제가 다시 등장하는데 이번에는 마침내 성공을 거둔다. 마야인들이 부르는 대로 하자면, 최초의 "어머니-아버지"[마야식 이름으로는 슈무카네-슈피야코크Xmucane-Xpiacoc―옮긴이]가 창조되었는데 다행히 그들은 말도 할 수 있었고 이성을 지녔으며 끝까지 살아남았다. 무슨 차이였을까? 바로 재료였다. 이번에 신은 옥수수를 사용했다.

시는 이를 상세히 설명한다.

그런 다음 노란 옥수수와 흰 옥수수를 갈았다. 슈무카네가 아홉 번이나 갈았다. 그녀는 그렇게 갈아 만든 가루에 손 씻은 물을 부어 창조를 위한 기름으로 사용했다. 어머니-아버지, 그리고 그들이 부르는 대로, 지배자 깃털 달린 뱀

---

6 *Popol Vuh*, p. 73.

Tepeu Gucumatz[바람과 비의 신이자 창조를 주관한 마야의 신
—옮긴이]의 손길이 닿은 그 기름은 인간의 살이 되었다.
그런 다음 그들은 그 일을 말로 표현했다:

우리의 첫 어머니-아버지의 모습을 본떠
노란 옥수수, 흰 옥수수만으로 살을 만들고
옥수수 반죽만으로 인간의 팔다리를 만들었다
우리의 시조, 네 명의 인간을
옥수수 반죽만으로 창조했다.[7]

옥수수는 창조의 기적을 낳는다. 옥수수의 기름진 알갱이는 갈아서—아홉 번이나 갈아야 하지만—물과 섞어 인간의 살을 만들 수 있다. 옥수수는 기적적이지만 마야 농업에서 흔히 재배되는 주요 곡물이다. 이 창조 이야기에 명시된 흰 옥수수와 노란 옥수수 덕분에 마야 문명은 팔렝케 등 여러 유적지에 피라미드형 신전을 짓고 대도시들을 부양할 수 있었다. 최근에는 적외선 촬영을 통해 정착지와 도시들의 연결망이 드러났는데 대부분의 도시가 옥수수를 식량으로 삼았고 도시의 규모가 고고학자들의 추정보다 훨씬 컸다. 고고학자들은 여전히 고대 마야 문명의 전체 영역을 재발견하고 있는데 그 대

7   *Popol Vuh*, p. 146.

부분이 치아파스와 과테말라의 깊은 밀림 속에 감춰져 있다.

그런데 이 세련되고 인상적인 도시 문명이 갑작스레 붕괴한다. 가장 큰 도시들이 버려지고 사원은 무너져 폐허가 되었으며 순식간에 다시 밀림으로 뒤덮인다. 인구는 다시 희박해지고 마야인들의 삶은 도시 생활과 멀어져 대부분 소규모 정착지와 촌락에 살아남았다. 에스파냐인들이 도착하기 수백 년 전 일어난 이런 급속한 몰락의 원인은 여전히 분명하지 않다. 한 가지 가능성을 꼽자면 옥수수 생산량의 감소를 생각할 수 있다. 아마도 단일 경작과 토양 고갈이 원인이었을 것이다.[8] 『포폴 부』는 도시 생활의 환경적 요건들을 명시적으로 설명하지는 않았지만, 『길가메시 서사시』와 마찬가지로 모든 면에서 정착 생활을 지지한다.

파괴가 심각했지만 절대적이지는 않았다. 마야 문명에서 가장 도시적인 시기를 지나 살아남은 업적 중 하나가 글쓰기였는데, 에스파냐인들이 도착할 때까지도 계속 정교하게 다듬어졌다. 그런데 에스파냐인들이 도착하면서 두번째 훨씬 더 급격한 쇠락이 시작되었다. 처음에는 에스파냐의 콩키스타도르(정복자)들이 자극한 내전이 원인이었고, 이어서 그들을 따라온 천연두가 원인이었으며, 마지막으로 점점 늘어난 에스파냐인들의 정착촌이 원인이었다. 그들은 마야인

8   Jared Diamond, *Guns, Germs, and Steel: The Fates of Human Society*, New York: Norton, 1997.

들을 죽이고 살아남은 이들에게는 노동과 예속을 강요했다.[9]

에스파냐인들은 프란체스코회 수도사들과 동행했는데, 수도사들은 식민주의의 끔찍한 폐단에 저항하기도 했지만 마야인들의 개종을 원했다. 처음에 프란체스코회 수도사들은 마야인들의 개종이 놀랍도록 수월하다고 생각했다. 그러나 시간이 지나 마야인들은 자신들의 옛 신들과 그리스도교의 새로운 신을 나란히 두었을 뿐임을 깨달았다.[10] 격분한 프란체스코회 수도사들은 마야인의 옛 신들과 제의를 근절하기로 작정했다. 그런데 이런 옛 신앙의 뿌리는 무엇이었을까? 그것은 바로 마야인들의 이야기를 이집트 상형문자와 비슷한 고유 문자로 기록한 이른바 공동체의 책Council Books이었다. 이 책들은 지면을 아코디언 형태로 묶은 책으로, 희귀하여 집안 대대로 전하는 값진 보물이었는데 에스파냐인들이 이 책들을 모조리 찾아내 불태워버렸다.[11] 이교의 신을 철저히 파괴한 프란체스코회 수도사들은 마야의 책을 거의 모두 찾아냈다.

이 시기에 살아남은 극소수 마야인 서기들은 심각한 딜

9   Inga Clendinnen, *Ambivalent Conquests: Maya and Spaniard in Yucatan, 1517-1570*, 2nd ed., Cambridge: Cambridge University Press, 2003, pp. 17 이하.

10   Friar Diego de Landa, *Yucatan Before and After the Conquest*, William Gates(trans. & notes), New York: Dover, 1978, p. 82.

11   같은 책, pp. 12, 19.

레마에 직면했다. 외국 병사, 전염병, 수도사 들이 그들의 세계를 점령했고 그들의 책을 잿더미로 만들었다. 그들은 자신들의 소중한 글쓰기 체계에 관한 지식이 갑작스럽게 소멸하는 것을 지켜보아야 했다. 그들의 글쓰기 문화는 과연 살아남을 수 있었을까?

살아남은 세 사람의 서기는 절묘하지만 서글픈 결정을 내렸다. 그들은 옥수수로 인간을 창조한 이야기를 포함한 자신들의 이야기를 보존해 미래에도 읽히고 싶었다. 그러나 난해하기 이를 데 없는 마야 문자에 관한 지식이 미래에도 살아남기는 어렵다고 판단한 그들은 승자들의 문자인 라틴어로 그 이야기들을 기록하기로 결정했다.[12] 그리하여 마야의 글쓰기와 스토리텔링을 겨냥한 파괴적 분노에도 불구하고 『포폴 부』는 은밀히 기록되어 보존될 수 있었다. 오늘날 우리가 그 고유의 농업적 기반과 깊이 얽힌 이 위대하고 독특한 서사시를 우리 목적에 맞게 활용할 수 있는 것은 바로 이 이름 모를 세 사람의 서기 덕분이다.

앞에서 살펴본 것처럼, 유라시아에서 아메리카에 이르는 글쓰기 역사의 이면에서 구술의 중요성은 계속 유지되고 있다. 글쓰기의 확산을 구술이 글쓰기로 대체되는 점진적 과정으로 여기는 것은 부정확한 상상일 것이다. 그보다는 글쓰

---

12 Tedlock, *2000 Years of Mayan Literature*, p. 299.

기 기술의 새로운 혁명—종이, 파피루스, 양피지의 등장, 혹은 점토판, 두루마리, 책 같은 새로운 글쓰기 양식, 그리고 중국의 목판인쇄와 구텐베르크의 인쇄본 책의 대량 생산—이 글쓰기와 구술의 관계를 바꾸어놓았다고 하는 편이 더 정확할 것이다. 글과 구술은 한 쌍이거나 등식 같은 것이다. 한 가지 요소를 바꾸면 나머지도 바꿔야 한다.

글이 지배하는 세계에서도 여전히 유지되는 구술의 힘을 보여주는 가장 좋은 예가 서아프리카의 『순자타 서사시』다. 오늘날에는 통상 말리로 알려져 있는, 순자타 왕이 이끌던 중세 말의 제국을 기념하는 시다. 순자타의 이야기는 순탄하게 시작하지 않는다. 그는 정적의 저주 때문에 심각한 장애를 안고 태어나 제대로 걷지도 못했다. 그가 저주를 풀고 장애를 극복할 만큼 건강해졌을 때 그의 어머니는 경쟁자들의 살해 음모를 피하기 위해 아들을 데리고 망명길에 오른다. 긴 망명 생활 중에 어린 순자타와 그의 어머니는 머물던 곳에서도 쫓겨나 떠돌이 신세가 된다. 두 사람은 때로는 동정을 받고 때로는 모욕을 견디면서 늘 낯선 이들에게 의지해야만 했다. 수년간의 망명 생활 끝에 순자타는 전쟁으로 약화된 본국으로부터 다시 부름을 받는다. 그는 일련의 전투에서 자신의 가치를 증명하고 나서야 비로소 정당한 자리를 얻을 수 있었다.

『순자타 서사시』는 정착 생활의 영광이 아니라 오히려 정처 없는 삶의 고통을 그린다. 이런 면에서는 『길가메시 서사시』보다 『오뒷세이아』에 더 가깝다. 물론 『길가메시 서사시』에도 길가메시가 절망에 빠져 세상을 떠도는 기간이 포함되어 있기는 하지만, 결정적으로 『순자타 서사시』는 정착한 도시 생활의 농업적 기반을 크게 강조하지 않는다.

그러나 때로는 호메로스의 시에서 그랬던 것처럼 벌어진 틈새로 농업이 스며들기도 한다. 이에 관한 결정적 장면이 있다. 망명지에 은신 중이던 순자타 일행(순자타의 어머니는 사망한 뒤였다)이 고국에서 온 사절들과 접촉하는 장면이다. 망명자들은 고향 음식, 특히 다도dado를 그리워했다. 다도는 히비스커스 꽃을 말려 만든 향신료로서 특정 소스를 만드는 데 사용된다.[13] 고국의 사절 두 사람이, 가져온 다도 약간을 시장에 내놓았다. 다도가 너무 먹고 싶었던 망명자들은 북적이는 시장 한복판에서 이를 보고 흥정 한 번 없이 사갔다. 이처럼 망명지에서는 나지 않고 오직 고향에서만 나는 다도라는 뚜렷한 징표를 통해 순자타와 사절의 만남이 성사된다.

순자타와 그의 제국에 관한 이야기는 수백 년 동안 구전으로 전해졌고, 아랍 학자들이 사하라 남쪽 아프리카에 이슬람교와 글쓰기 문화를 전파한 후에도 마찬가지였다. 이 서사시는 이슬람교와 이슬람 경전의 가르침을 환기하고 있다는

---

13 *The Epic of Sunjata*, David C. Conrad(ed. & trans.), in *The Norton Anthology of World Literature*, 4th ed., volume C, New York: Norton, 2018, pp. 12~58, 36.

점에서 이슬람의 외피를 두르고 있지만, 이슬람 이전의 많은 요소를 고스란히 간직하고 있다.[14]

19세기에 프랑스 식민주의자들이 서아프리카에 발을 들였을 때 자신들의 문자와 글쓰기도 함께 가져왔지만, 이 서사시는 여전히 새로운 권력, 관료제, 교육의 중심들과 나란히 구전으로 전해졌다. 그리고 20세기 들어 많은 시행착오를 거치며 글로 옮겨졌다.[15] 첫 시도에서는 (프랑스 드라마를 모델로 한) 5막의 연극으로 개작되었다. 그다음에는 (20세기 중반 프랑스 소설을 모델 삼아) 소설로 개작하려는 시도가 있었다. 그런데 어떤 장르도 여러 세대에 걸쳐 이야기꾼들이 만들어온 원작에는 잘 어울리지 않았다. 그래서 『순자타 서사시』는 계속 구전으로 암송되었고 오늘날까지도 이런 관행이 계속되고 있다.

나는 운 좋게도 데이비드 C. 콘래드와 일할 수 있었는데, 그는 만데족 출신 소리꾼 타시 콩데Tassey Condé와 협업하여 그 서사시를 글로 옮길 수 있었고, 최고라고 생각되는 판본을 얻었다. 이는 1994년 실황 녹음을 토대로 작업한 결과물로서 20세기 말부터 21세기 초 사이에 콘래드가 영어 번역을 진행

14 David C. Conrad, "Islam in the Oral Traditions of Mali: Bilali and Surakata," *Journal of African History* 26, no. 1, 1985, pp. 33~49.
15 필자의 다음 책도 참고. Martin Puchner, *The Written World: The Power of Stories to Shape People, History, and Civilization*, New York: Random House, 2017, pp. 290~305.

했고 글로 완성한 것이다.[16]

이런 글과 구술의 지속적인 상호작용은 글의 확산에 따라 구전이 너무 쉽게 외면된다는 점, 그러나 글과 구어는 하나의 시스템으로서 함께 연구되어야 한다는 점을 일깨운다. 구전 지식을 복원하기 위해서는 할 일이 너무 많다. 그런데 그런 구전 지식은 많은 경우 글쓰기 문화의 전통적인 중심지 외부에서, 토착 공동체 안에서 발견된다(물론 그 공동체들도 상당한 인쇄술의 전통을 가지고 있다).[17] 다행히 그런 지역에서는 생태비평과 인류학적 연구가 활발히 이루어지며 다양한 기억과 서로 다른 스토리텔링 전통에 초점을 맞추고 있어서 미

16 David C. Conrad, *Sunjata: A New Prose Version*, David C. Conrad(ed., trans. & introduction), Indianapolis: Hackett, 2016; Robert C. Newton, *The Epic Cassette: Technology, Tradition, and Imagination in Contemporary Bamana Segu*, PhD diss., University of Wisconsin-Madison, Ann Arbor: UMI, 1997.

17 Kyle Powys Whyte, "Our Ancestors' Dystopia Now: Indigenous Conversation and the Anthropocene," Ursula Heise, Jon Christensen, and Michelle Niemann(eds.), *The Routledge Companion to the Environmental Humanities*, New York: Routledge, 2016, pp. 206~14; Kyle Powys Whyte, "Critical Investigations of Resilience: A Brief Introduction to the Indigenous Environmental Studies and Sciences," *Daedalus* 147(2018), pp. 136~47 참고. 또한 Dan Wildcat, *Red Alert: Saving the Planet with Indigenous Knowledge*, Golden, Colo.: Fulcrum Press, 2009 참고. 아메리카 원주민의 인쇄 문화의 역사에 관해서는 다음을 참고. Phillip H. Rund, *Removable Type: Histories of the Book in Indian Country, 1663-1880*, Chapel Hill: University of North Caroline Press, 2010.

국 서부의 예에서 보듯 구전 이야기 전통에 보존된 과거 환경 재해의 영향을 재구성할 수 있다.[18]

글쓰기 역사의 고찰은 정착 생활과 자원 추출에 대한 문학의 공모를 가늠해볼 근거를 제공한다. 또한 문학이 문화적 기술로서 기후변화를 초래한 역사와 얼마나 깊이 그리고 어느 정도까지 엮여 있는지 알게 해준다. 지난 4천 년 동안 쓰여 온 문학을 비난하는 것이 이런 역사의 목적은 아니다. 그보다는 당면 과제에 적합한 읽기 방식을 발전시키고 우리를 현재로 이끈 사고와 스토리텔링의 유형을 이해하는 것이 그 목적이다. 우리는 환경적 읽기를 통해 4천 년에 이르는 문학의 역사를 포착해 우리 목적에 맞게 활용할 수 있을 것이다. 이는 환경과 우리의 관계를 재규정하는 것이나 다름없다.

---

18   Kathryn Schulz, "The Really Big One," *New Yorker*, July 20, 2015. https://www.newyorker.com/magazine/2015/07/20/the-really-big-one.

3장
세계문학의 두 얼굴

기후변화에 주목해 인류 역사 기원의 텍스트를 읽는 일에는 개별 텍스트—그리고 텍스트 속 사건들—가 인간의 생태계 개입을 어떻게 묘사하고 정당화하는지 미시적으로 들여다보는 것도 포함된다. 또한 앞서 살펴본 것처럼, 시간에 따라 변화하는 양상을 파악하기 위해 수백 년 혹은 수천 년의 문학사를 거시적으로 조망하는 것 역시 포함된다. 문학 연구에서 잘 하지 않는 일이 바로 거시적으로 조망하는 일이다. 바로 그런 이유 때문에 이제 나는 지금껏 살펴본 주장, 말하자면 거시적 관점의 주장을 명확히 하고자 한다.

세계문학이라는 개념은 거시적 사고와 읽기에 대한 편리한 접근법을 제공한다. 내가 이 용어를 제안하는 이유는 문학 연구의 하위 분과로서 세계문학이 시간과 공간의 좁은 경계를 뛰어넘어 서로 연결된 전 지구적 수준에서 일어나는 것으로서 인간의 스토리텔링을 이해하기 때문이다. 이에 따르면 더 광범위한 문화 간 비교가 가능해진다. 세계문학이 구전과 최초의 서사시부터 산업 시대 대량 생산된 문학에 이르기까지 스토리텔링의 심원한 역사를 포착한다는 점도 중요하다. 그것은 문학이 자원 추출에 의지하는 우리의 생활 방식과 어떻게 공모해왔는지를 이해하게 해준다.

달리 말하면 세계문학이라는 용어는 우리의 생각을 오롯이 세계 자체에 집중시킨다고 할 수 있다. 나는 세계문학을 읽을 때면 언제나 이 작품이 어떻게 살아남았고 발원지에서 내게 오기까지 어떤 여정을 거쳤는지, 누가 번역하고 누가 출판했는지 생각해본다. 이런 의미에서 세계문학은 알파벳, 종이, 인쇄 같은 기술, 신전과 도서관 같은 기관, (폭력적이며 동시에 평화로운) 문화 교류 방식과 교육 등 문화 인프라에 집중하는 세속적 접근법이다. 세계문학에 대한 이런 세속적 접근이 바로 우리 이야기하는 종種에게 중요한 열쇠이고, 변화하는 우리 행성에 유용한 무언가를 배우는 열쇠가 된다.

세계문학이라는 개념은 어디서 유래했을까? 놀랍게도, 이 개념은 아주 최근에 출현했고 200년도 채 되지 않았다. 그 발생의 순간을 클로즈업해서 면밀히 살펴볼 필요가 있다. 이 용어가 얼마나 유용한지, 어떤 타협의 결과인지, 기후변화에 관한 정보를 얻기 위해 결을 거슬러 읽는 일이 얼마나 중요한지 보여주기 때문이다.[1] 그런 읽기에 이르기 위해 관련 행위자들의 동기, 두려움, 희망, 그리고 암묵적 가정들을 세심하게 살펴보자.

내가 염두에 두고 있는 것은 1827년 1월 31일 바이마르의 작은 지방 도시에서 두 사람이 만나 대화하는 장면이다. 두 사람이 이날 처음 만난 것은 아니었다. 한 사람은 77세의 나

1　　Martin Puchner, "Readers of the World, Unite!" *Aeon*, September 20, 2017. https://aeon.co/essays/world-literature-is-both-a-market-reality-and-a-global-ideal. 또한 다음을 참고. David Damrosch, *What Is World Literature?*, Princeton: Princeton University Press, 2003, pp. 1 이하.

이로, 유럽에서 가장 저명한 시인의 한 사람으로 불리며 전성기를 구가하던 요한 볼프강 폰 괴테였다. 랠프 월도 에머슨은 조만간 플라톤, 셰익스피어, 나폴레옹 등과 함께 괴테를 시대를 초월한 일곱 명의 위인 가운데 하나로 꼽게 될 것이었다.[2]

국제도시 프랑크푸르트에서 성장한 괴테는 『젊은 베르터의 슬픔』을 발표하면서 하룻밤 새 엄청난 화제의 주인공이 되었다. 삼각관계를 바탕으로 한 그의 소설은 한 세대 전체에게 드레스코드와 느낌표가 넘쳐나는 편지로 완성되는 이룰 수 없는 사랑에 빠져드는 법을 가르쳐주었다! 초기 성공이 절정에 이르렀을 때 괴테는 작센-바이마르 공작에게 추밀원 의원직을 받고 공작을 따라 그의 외딴 영지로 내려갔다. 괴테는 공작에게 없어서는 안 될 사람이 되었고 궁정의 연극부터 도로 건설까지 모든 책임을 도맡았다. 동시에 괴테는 소설, 연극, 시와 편지로 문학적 명성도 계속 쌓아갔다. 공작은 괴테에게 보답으로 마을 한복판의 멋진 저택을 선사했다.

만남의 또 다른 주인공은 괴테보다 훨씬 젊은 서른다섯 살의 무명 인사 요한 페터 에커만이었다.[3] 그는 비참한 가난 속에서 성장했다. 그의 가족은 암소 한 마리에 의지해 살았

---

2 Ralph Waldo Emerson, *Representative Men: Seven Lectures*, Boston: Phillips, Sampson, 1850.

3 이 설명은 에커만의 자서전에 기반했다. Johann Peter Eckermann, *Gespräche mit Goethe in den letzten Jahren seines Lebens*, Leipzig: Brockhaus, 1837, vol. 1, pp. 1~34.

고 어린 에커만은 아버지를 따라 싸구려 장신구 행상에 나서야 했다. 일자리를 얻기 위해 일찌감치 학교를 떠났지만 학구열이 남달랐던 에커만은 열심히 라틴어를 익혀 학교로 돌아갈 수 있었다. 여러 어려움을 극복한 에커만은 다른 학생들에 비해 한참 늦은 나이에 마침내 괴팅겐 대학교에 입학해서 법학을 공부할 수 있었고 서른이 다 되어 신분 상승의 길에 올랐다.

이즈음 누군가가 에커만에게 괴테의 작품을 건네며 읽어보라고 권유했고 에커만은 괴테의 작품에 흠뻑 빠져들었다. 그는 법학 공부를 계속하는 대신 괴테의 시에 관해 논문을 썼고 괴테에게 논문을 보낼 용기가 생겼다. 또한 괴테의 조수로 일하고 싶다는 마음도 들었다. 조바심에 답신을 기다릴 수 없었던 에커만은 논문을 직접 전하기로 마음먹었지만 가난탓에 마차를 탈 수 없었기에 어려서 아버지를 따라다니던 때처럼 걸어서 3주 만에 바이마르에 도착했다. 괴테는 쓸 만한 이 신출내기를 반겼고 에커만은 바이마르에 머물며 일주일에도 몇 번씩 괴테의 집을 찾아가 그를 도왔다. 자료조사와 글쓰기를 돕기도 했고 조언을 하거나 그저 공감하며 이야기를 들어주기도 했다.

이 두 사람이 바로 1827년 1월 31일에 한자리에 모인 주인공들이다. 두 사람은 지난 몇 년 동안 수없이 많은 수요일 만남을 가졌다. 괴테는 이날도 여느 때처럼 자신이 최근에 하게 된 생각과 경험을 에커만에게 들려주면서 중국 소설을 한 편 읽었다고 말했다. "정말이세요? 생소하지 않으셨어요?" 에커만이 대답했다.⁴ 괴테는 심드렁한 말투로 "생각만큼 생소하진 않았다네"라고 답했고 에커만은 깜짝 놀랐다. 에커만은 중국 소설이라는 걸 생각해본 적도 없었고 어떤 것일지 짐작조차 할 수 없었다. 그러나 중국 소설에 감명받은 괴테는 당시 파리에서 유행하던 여러 소설과 비교해 중국 소설이 도덕적으로 얼마나 월등한지 평하기 시작했다. 뒤늦게 괴테의 말을 알아들은 에커만은 중국 소설에 관해 무언가 좋은 얘기를 하려고 했다. "프랑스 최고 시인[피에르-장 드 베랑제Pierre-Jean de Béranger를 말한다]의 작품보다 이 중국 작가의 작품이 도덕적으로 훨씬 더 고결하다니 신기하지 않습니까?" 괴테는 에커만의 말에 흡족했고 진심으로 동의했다. 그러나 에커만은 더는 중국 소설 애호가인 양 행세할 수 없었고 엉겁결에 괴테가 읽은 소설이 특별히 뛰어나고 예외적이었을 것이라고 말해버렸다. 다시 괴테는 자신의 조수를 꾸짖었다. "터무니없는 소리일세. 중국인들에게는 소설이 수없이 많고 우리 조상들이 아직 숲에서 살던 때에 이미 그들에게는 소설이 존재했다네." 괴테는 이에 그치지 않고 한 걸음 더 나아가 거칠게나마 결론을 지었다. "세계문학의 시대가 임박했고, 그 시

4   Eckermann, *Gespräche*, vol. 1, p. 322.

대를 앞당기는 일에 모두 힘을 보태야 하네."

세계문학이라는 개념이 어떻게 등장하게 되었는지를 우리가 이처럼 정확히 알고 있다는 건 이례적인 일이다. 그 원인은 에커만의 가난과 괴테의 인색함에 있었다. 괴테가 에커만의 조력을 받으면서도 그의 어려움을 거의 돌보지 않았기 때문에 에커만은 부수입을 얻어야만 했다. 그러던 어느 날 에커만에게 문득 유럽에서 가장 저명한 작가와 매주 나눈 대화를 기록해야겠다는 아이디어가 떠올랐다. 분명 그런 대화를 사려는 시장이 있겠지? 에커만은 괴테에게 자신의 구상을 말했고 괴테는 대화를 기록하도록 허락했다. 그런데 애석하게도 괴테는 에커만에게 자신이 세상을 떠날 때까지 출판을 미루라고 요구했다. 에커만은 여전히 재정의 압박을 받으면서도 괴테의 요구에 순순히 응했고, 1827년 1월 31일 대화를 포함해 이후 두 사람이 나눈 대화를 충실히 기록했다.

그런데 인류의 역사와 환경의 관련성을 이야기하는 방식과 세계문학의 탄생이 무슨 관계일까? 얼핏 보아서는 무관해 보일 수도 있지만 여기에는 보이는 것 이상의 무언가가 있다. 괴테와 에커만의 대화에는 우리가 세계화라고 부르는 것이 담겨 있다. 세계문학이라는 표현을 사용하기 전 괴테는 내셔널리즘의 종말을 선언했다. "국민 문학은 더 이상 의미가 없다네. 세계문학의 시대가 임박했고, 그 시대를 앞당기는 일에 모두 힘을 보태야 하네." 1827년에 내셔널리즘의 종말을 선언하는 것은 대담한 일이었다. 19세기는 내셔널리즘의 파고가 높던 시절이고 특히 독일은 아직 민족 통일을 완수하지 못한 채 중소 규모 왕국과 공국 들로 분열되어 있었다. 작센-바이마르도 그중 하나였다. 괴테 주변의 작가들은 하나같이 독일의 민담을 조사해 민족 전통을 확립하고 문화를 통해 정치적으로 아직 정립되지 않은 민족성의 의미를 창출하려고 분주했다.

괴테는 내셔널리즘을 혐오했다. 국가 간 장벽이 문화에 자의적인 경계를 만든다는 사실을 깨달았기 때문이다. 괴테가 바란 만큼 폭넓은 독서 습관을 갖지 않았더라도, 대부분의 작가들은 자연스럽게 여러 문화와 시대를 넘나들며 여러 작품을 읽는다. 괴테가 중국 소설부터 산스크리트어 희곡과 페르시아 시에 이르기까지 그의 동시대인들이 외면했던 문학을 끊임없이 찾아 읽은 것도 이런 이유 때문이다.

당시 내셔널리즘이 대세였지만, 괴테는 문화적 지평이 확대되는 시대, 유럽 식민주의와 국제 무역으로 인해 세계 여러 지역이 더욱 밀접하게 접촉하면서 그에 따른 광범위한 결과들이 나타나는 시대에 살고 있다는 사실을 자각하고 있었다. 그 결과 가운데 하나는 문학과 관련된다. 괴테처럼 독일의 지방 도시에 사는 사람이 놀랍도록 광범위한 문학에 접근할 수 있는 것은 인류 역사상 처음 있는 일이었다. 주변 민족주의자들이 반기거나 말거나 시장의 현실은 국가 간 문화 교류를 가속화하고 있었다. 세계문학은 문학 영역에서 세계 시장이 성장한 데 따른 결과였다.

괴테는 이런 세계화 과정을 촉진한 동인 가운데 하나가 번역이라는 사실을 깨달았다. 그는 고령임에도 아랍어를 새로 공부할 만큼 언어를 익히는 데 상당한 시간을 투자했지만 읽고 싶은 문학의 언어를 모두 익힐 수는 없다는 것도 알고 있었다. 유럽의 언어로 번역된 중국 소설은 단 세 편뿐이었는데 그중 한 편을 동인도회사 직원이 번역했다는 사실은 세계 여러 지역의 긴밀한 접촉을 추동한 요인 가운데 하나가 유럽의 식민주의라는 사실을 일깨운다. 세계문학은 결코 순수하지 않거니와 이런 역사적 동인들에서 자유롭지도 않다. 오히려 그 부산물이었다.[5]

> 5   번역이 세계문학을 반대하는 논거로 활용되는 경우가 더러 있다. 내게 이런 사실은 늘 당혹스럽다. 우리에게는 간단한 선택지가 하나 있을 것 같다. 우리의 독서를—대부분의 사람에게는 하나의 언어(어쩌면 두세 개 언어)로만 읽는 것을 뜻하는—원전 읽기로 한정하거나, 아니면 번역을 누구라도 읽을 수 있는 것으로의 확장으로, 환영할 만하고 거의 기적에 가까운 확장으로 받아들이는 것이다. 번역에 반대하는 주장은 일종의 차단벽을 세우는데 내게는 적잖은 충격이다. 비교문학 교수자들이 (여러 언어를 사용하지 못하는) 무지한 대중을 배제하는 얄팍한 위장 전술로 보이기 때문이다. 낮은 보수에도 수고를 아끼지 않는 번역가들에게는 몰인정한 일이기도 하다. 끝으로 그것은 놀랍도록 역동적인 번역 과정을 무시한다. 『노턴 선집』을 위한 협업에서 나는 매우 뛰어난 번역가들과 작업할 수 있었다. 가장 중요한 인물은 고전 편집자로 선집을 위해 『오뒷세이아』를 번역한 에밀리 윌슨이다.

세계화, 내셔널리즘, 제국의 문제가 세계문학의 탄생(발상 혹은 관념)을 지배하기는 했지만, 괴테가 세계문학이라는 말을 처음 사용하게 된 데에는 환경과 관련된 매우 흥미롭지만 잘 알려지지 않은 뒷이야기가 있다. 그것은 괴테가 지질학과 생물학에 매료되었던 사실, 작가이자 독자로서 그가 두 분야에서 한 실천과 관련된다. 괴테가 구상한 세계문학은 문학에 대한 새로운 이해뿐 아니라 세계에 대한 새로운 이해에서 비롯된 이야기다.

문학, 지질학, 식물학의 긴밀한 결합은 특히 성년기 괴테에게 가장 큰 영향을 끼친 이탈리아 여행에서 잘 드러난다. 이탈리아에 대한 괴테의 선망은 로마 문학을 읽으면서 시작되었지만 그가 이탈리아에 도착하자 향한 곳은 시칠리아였다. 그곳이 과거 그리스의 중요한 식민지였기 때문이다. 시간적 제약을 고려할 때—괴테는 집사와 공작에게만 알리고 바

이 번역서는 엄청난 성공을 거두었는데 당연한 결과였다. 그 책은 『오뒷세이아』의 영역본 가운데 여성이 번역한 최초의 사례였다. 이는 우리 편집진이 여성들의 번역을 더 많이 활용하고 후원해서 극소수의 여성들만 글을 쓸 수 있던 시대의 세계문학에 여성의 목소리를 끼워 넣고자 취한 전략의 일환이었다. 이런 논쟁과 관련해 더 읽기를 원한다면 다음 글을 참고. Caroline Levine, "For World Literature," *Public Books*, January 6, 2014. https://www.publicbooks.org/for-world-literature. 에밀리 윌슨의 다음 글도 읽어보기를 권한다. Emily Wilson, "Introduction," in *The Odyssey*, Emily Wilson(trans.), New York: Norton, 2018, vol. 1, p. 80.

이마르를 몰래 빠져나와야 했다—괴테는 자신이 고대 그리스에 가장 가까이 접근할 수 있는 곳이 바로 시칠리아임을 알았다.

괴테는 시칠리아에 머문 몇 개월 동안 그리스 문학에 골몰했다.[6] 그는 호메로스의 『오뒷세이아』를 다시 읽었다. 이야기 일부가 시칠리아와 그 주변을 배경으로 펼쳐졌기 때문이다. 그리고 시에 등장하는 나우시카아의 이야기, 곧 조난당한 오뒷세우스가 나우시카아 공주와 그녀의 아버지 알키노오스 왕에게 구조된 이야기를 바탕으로 비극을 집필했다. 괴테는 흥분한 어조로 그의 여행기에 이렇게 적었다. "이곳에 있다는 것보다 더 좋은 『오뒷세이아』 해설은 없을 것이다."[7]

괴테가 그리스 문학에 몰두하면서 오랫동안 천착했던 관심사도 되살아났다. 바로 **원형식물**Urpflanze을 찾는 일이었다. 당시 널리 통용되던 린네의 식물 분류에 만족하지 못했던 괴테는 원형식물이 존재하고 그로부터 모든 식물이 파생되었다는 생각을 발전시켰다. 괴테는 식물들을 관찰하고 그림으로 그리고 다양한 변종을 연구함으로써 그들의 공통분모가 되는 하나의 원형prototype을 찾고자 했다. 괴테는 그런 식

---

6   Johann Wolfgang von Goethe, *Italienische Reise*, in *Autobiographische Schriften III, Hamburger Ausgabe in 14 Bänden*, Munich: Verlag H. C. Beck, 1994, vol. 11, p. 252.

7   같은 책, p. 299.

물을 찾기 위해 정기적으로 식물원을 찾았다. 그가 시칠리아 팔레르모 식물원에 마음을 뺏긴 것도 그 때문이었다. 괴테는 도시의 궁전이나 다른 훌륭한 건축물들을 방문하는 대신 식물원에서 여러 날을 보냈다.

다양한 영역에서 유사성을 찾고자 했던 괴테는 문학에도 하나의 유사 모델을 적용했다. 이후의 다른 모든 판본이 도출되는 일종의 조립용 블록 같은 전형들, 즉 원형들과 관련이 있다는 점에서 일종의 진화 모델이었다. 괴테가 초기 산스크리트어 문학은 물론이고 구술에서 문학으로 이행하던 시기의 그리스 문학을 포함해 초기 문학에 그토록 깊은 관심을 보였던 것도 바로 이런 이유 때문이다. 괴테의 추론에 따르면, 그는 기원을 연구함으로써 식물이든 문학 작품이든 사물의 본질에 관해 배울 수 있을 것이었다.

괴테가 그리스 문학의 기원을 깊이 파고들 때 염두에 둔 것은 **원형식물**만이 아니었다. 그는 시칠리아의 지질에도 관심이 많아서 종종 가던 길을 멈추고 암석층과 강바닥을 살폈다. 괴테가 살았던 때는 아직 진화론이 발전하기 전, 지질학자들이 지각판 이론을 발전시키기 전이었다. 그런데도 괴테는 이야기 서술을 포함한 인간의 활동을 지층의 형성부터 동식물에 이르는 환경 안에서 전개되는 것으로 볼 수 있음을 깨달았다. 이는 개략적으로 말해서 기원의 형태학으로서뿐만 아니라 환경의 구성력에 대한 관심으로서 초기의 환경적 사유가 괴테의 세계관에 파고든 두번째 경로였다.

수십 년 뒤에 세계문학을 이야기하면서 괴테는 이 두 가지 차원, 곧 **원형식물**에 대한 관심과 환경에 대한 관심을 결합시켰다.

괴테는 세계 각 지역이 얼마나 복잡하게 서로 연결되어 있는지를 빠르게 깨닫게 되면서 지질학과 식물학에 관심을 기울였다. 괴테는 주로 개인적으로 친분이 있던 알렉산더 훔볼트Alexander von Humboldt로부터 이런 통찰을 얻었다. 최근 몇 년 사이 훔볼트는 환경 과학의 선구자로 재발견되기도 했다. 전기 작가 안드레아 불프는 훔볼트가 자연을 발명한 것이나 다름없다고 평가한다.[8] 불프의 주장이 지나친 과장으로 들릴지 모르지만, 자연이라는 말이 세밀히 조율되고 연결된 하나의 전체를 의미하는 것이라면, 그의 주장은 결코 과장이 아니다.

솔직히 말하면, 훔볼트는 여행 중 우연히 이런 생각을 떠올렸다. 괴테는 유럽 서부와 남부만 여행했지만, 훔볼트는 자금이 허락하는 한 멀리, 동쪽으로는 러시아, 서쪽으로는 아메리카에 이르기까지 멀리, 그리고 자주 여행했다. 훔볼트가 대륙과 기후대를 가로질러 동식물을 비교할 수 있었던 것은 이렇게 넓은 여행의 범위 덕분이었다. 훔볼트가 발견한 가장 놀

---

8   Andrea Wulf, *The Invention of Nature: Alexander von Humboldt's New World*, New York: Knopf, 2015.

라운 사실은 대륙을 가로질러 광대하게 뻗어 있는 기후대가 비슷한 결과들을 내놓는다는 사실이었다. 훔볼트는 그의 유명한 **자연상**Naturgemälde, 서로 다른 기후대가 관통하는 산의 횡단면을 보여주는 그림에 이런 시각을 담았다. 훔볼트는 그 단면도를 지구 위 서로 다른 지역의 단면들과 수직으로 비교했다.

훔볼트의 그림은 괴테의 **원형식물**과 달랐다. 괴테는 식물의 형상을 추적해 단 하나의 기원에 이르고자 한 반면, 훔볼트는 상응성에 관심을 기울였다. 즉 유사한 기후 환경이 어떻게 유사한 결과를 낳는지가 그의 관심사였다. 괴테와 훔볼트의 이론을 결합한 것으로도 볼 수 있는 찰스 다윈의 진화론이 등장하며 두 이론 모두 중요한 수정을 거쳤다. 다윈은 괴테와 마찬가지로 원형prototype에 관심이 있었고 동시에 훔볼트처럼 환경의 구성력에도 관심이 있었다.

괴테도 훔볼트도 세계화와 환경적 사고의 관계를 감지한 듯하지만, 그 상관성을 충분히 규명하지는 못했다. 두 사람 가운데 훔볼트가 둘의 연결성을 좀더 분명하게 인식했을 가능성은 크다. 훔볼트는 안데스산맥부터 미국까지(그는 제퍼슨Thomas Jefferson을 만났다) 아메리카 대륙을 횡단하는 동안 마주친 식민주의와 노예제뿐만 아니라 내셔널리즘에도 항의하면서 생태학에 관한 새로운 견해를 발전시켰다. 훔볼트는 자연을 정밀하게 조율된 하나의 생태계로 보는 시각을

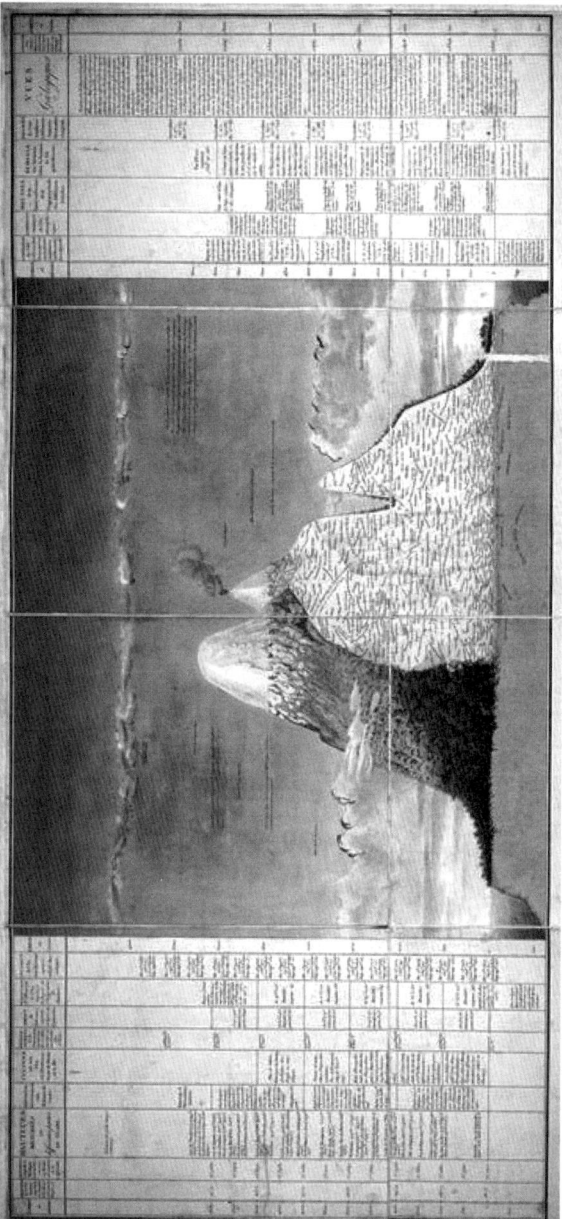

[도판 1] 자연상. 알렉산더 폰 훔볼트의 작품으로 서로 다른 기후대가 관통하는 산의 형상을 보여준다.

인간에게까지 확대했던 것으로 보인다. 훔볼트는 자연상을 통해 인간의 활동이 그가 포착한 복잡한 망 속에서 전개된다는 것을 알고 있었다. 괴테에게는 경제적 세계화와 환경적 사고라는 두 영역이 분리되어 있었고 그것들을 연결하는 과제는 우리에게 남겨졌다.

나는 언제나 세계화와 생태계가 연결되어 있음을 발견했고, 이들이 중요하지만 제대로 탐구되지 않은 세계문학의 두 얼굴이라고 생각한다. 괴테와 훔볼트 모두 서로 다른 문화와 서로 다른 생태계의 차이를 예리하게 식별해냈고, 그런 것들을 이해하려면 엄청난 겸손이 필요하다는 사실을 알고 있었다. 또한 두 사람은 차이에 집중하면서도, 인간의 삶이 훨씬 더 큰 환경 안에 존재하듯이 인간의 문화가 통합된 전체의 일부분이라는 사실을 인지했다.

괴테의 영향권 안에 있던 다른 사람들도 문화의 생태계라고 부를 수 있는 것에 대해 비슷한 생각을 발전시켰다. 훔볼트의 형 빌헬름은 평생을 언어의 진화에 관심을 품고 연구했으며 정교한 언어의 계통수를 그려냈다. 요한 고트프리트 폰 헤르더Johann Gottfried von Herder는 세계 각지의 다양한 민속 문화를 어족에 관한 연구와 결합시켰다. 빌헬름 폰 훔볼트와 마찬가지로 헤르더도 번역을 공부했다. 괴테는 번역 덕분에 문학이 그 발원지 너머로 유포되고 자신을 비롯한 많은 사람들이 중국 소설 같은 작품들을 읽을 수 있다고 보았다. 괴테의 또 다른 지인 프리드리히 셸링Friedrich Schelling은 인도 문학 연구자로서 세계문학에 대해 특유의 시각을 발전시켰는데 괴테에게 시인 칼리다사Kalidasa의 산스크리트어 고전 희곡 『샤쿤탈라』의 독서를 권유했다(괴테는 이 희곡의 일부분인 서막을 자신의 작품 『파우스트Faust』에 포함시켰다). 그리고 또 다른 인물인 스탈 부인Germaine de Staël은 한 걸음 더 나아가 비교문학 분야를 창시했다.[9]

이렇게 다양한 사상가들이 집합적으로 이루어낸 것은 문화적으로 훔볼트의 **자연상**에 상응한다. 문학과 문화는 역사적으로도 연구되어야 하지만, 문화를 가로질러 수평적으로도 연구되어야 한다는 의미에서 그렇게 말할 수 있다. 그런 광범위한 비교 접근법은 통합된 하나의 전체로서 **문화상** Kulturgemälde이라고 불릴 만한 것을 산출할 것이다. 이런 생각이 바로 괴테가 그의 깜짝 놀란 조수와 이야기하는 동안 포착했거나 최소한 어렴풋이라도 감지하고 세계문학이라고 지칭했던 것이다.

기후변화의 관점에서 세계문학의 탄생 순간을 돌이켜보는 지금 우리에게는 세계문학의 이런 환경적 차원이 중요하다. 기후변화의 관점은 서로 다른 두 가지 세계 개념을 드러낸다. 하나는 문학에도 직접 영향을 끼치는 경제적 요인들이 추

---

9   David Damrosch, *Comparing the Literatures: Literary Studies in a Global Age*, Princeton: Princeton University Press, 2020, pp. 52 이하.

동한 세계화의 개념이다. 다른 하나는 우리가 알고 있듯이 기후변화 문제 해결에 결정적인 초보적 단계의 행성적 의식이다. 괴테—그리고 훔볼트—에게는 세계에 관한 이런 두 가지 개념이 병존했다. 유럽 식민주의의 여파로 경제적 세계화가 진행되고 우리 행성 지구를 파괴하는 자원 추출의 생활 방식이 가속화하면서 우리에게 두 개념은 긴장 관계에 놓이게 되었다. 세계문학이라는 용어에서 이런 경쟁적인 "세계" 개념을 풀어내는 일은 오늘날 비판적 읽기에 맡겨진 과제 가운데 하나다.

그런데 비판적 검토가 필요한 것은 상충하는 두 가지 "세계" 개념만이 아니다. "문학" 개념 역시 비판적으로 검토되어야 한다. 여기서 경제적 세계화와 유럽 식민주의, 그리고 세계문학의 공모 관계는 수천 년 전 메소포타미아에서 시작된 이래 식민주의와 산업화의 결과로 가속화된, 자원 추출에 기댄 정주형 생활 방식과 문학의 공모 관계를 보여주는 가장 최근 사례일 것이다.[10] 『길가메시 서사시』에서 엿볼 수 있듯이 글쓰기는 회계사들이 발명했고 최초의 국가 관료들이 사용했으며 사제들이 더욱 발전시켰다. 그래서 글쓰기가 등장하고 나서 2천 년 동안 문학은 소수 엘리트의 수중에 있었다. 훨씬 많은 인구가 글을 활용할 수 있게 되었을 때도 읽고 쓰는

---

10   Edward Said, *Orientalism*, New York: Pantheon Books, 1976.

능력은 엄격히 통제되었고 대부분의 사람들은 그에 접근할 수 없었다. 읽고 쓰는 능력에 접근하는 것과 누구의 이야기를 글로 써서 널리 유포할 것인지는 오늘날에도 여전히 쟁점 사항이다.

이 모든 것이 말해주는 바는 괴테가 창안한 세계문학이 막대한 영향력을 지니면서도 지극히 타협적인 개념이라는 사실이다. 하지만 그렇다고 해서 그 개념을 거부할 이유는 없다. 오히려 그 속에서 작용하고 있는 긴장들, 그리고 그것들이 말해주는 공모야말로 세계문학을 잣대 삼아 문학을 연구하는 일이 기후변화의 측면에서 매우 중요한 이유다. 세계문학은 우리에게 정착 생활, 자원 추출, 혹은 식민주의에서 벗어난 오염되지 않고 순수한 관점을 제공하지 않을 것이다. 혹여 그런 관점이 가능할지는 몰라도 유익하지 않을 것이다. 공모는 우리가 비평하려는 메커니즘을 연구할 수 있게 해준다는 점에서 우리의 (분석적인) 친구다.

두 "세계" 개념—경제적 세계화와 그 환경적 결과—사이의 긴장은 세계문학의 뒤이은 역사에서도 계속 볼 수 있다. 1848년 런던에서 이 용어가 두번째로 주목받기까지 21년의 시간이 걸렸다. 내셔널리즘의 문제가 여전히 중심에 있었지만, 환경적 차원이 더 선명하게 드러나기 시작했다.

부르주아 계급은 세계 시장을 착취함으로써 생산과 소비

를 세계적인 문제로 만들었다. […] 산업은 더 이상 현지의 원료를 사용하지 않고 훨씬 더 먼 지역의 원료를 사용한다. 생산품은 국내뿐 아니라 지구 전역에서 소비된다. 옛날처럼 지역과 국가가 고립되어 자급자족하는 대신 모든 방면에서 무역이 이루어지고 국가 간 상호의존이 보편화되었다. 지적 생산도 물질적 생산과 마찬가지다. 개별 국가의 지적 창조물은 공동의 자산이 된다. 국가의 일방주의와 편협성은 점점 불가능해지고 수많은 국민 문학과 지역 문학으로부터 세계문학이 등장한다.[11]

이 인용문의 저자인 카를 마르크스와 프리드리히 엥겔스는 이 텍스트를 『공산당 선언』이라 불렀다. 이 인용문이 놀라운 이유는 세계화에 의한 생산력의 해방을 반기는 듯 보이기 때문이다. 확실히 마르크스와 엥겔스는 국가의 일방주의와 편협성에 거의 관심이 없었고, 누구에게든, 설사 그 대상이 부르주아의 하수인일지라도, 그런 관심을 버리라고 권한다. 그들에게 부르주아는 자본주의를 대신하는 용어다(『공산당 선언』에는 **자본주의**라는 용어가 등장하지 않는다). 두 저자는

11　Karl Marx and Friedrich Engels, *The Communist Manifesto and Other Writings*, with an introduction and notes by Martin Puchner, New York: Barnes and Noble, 2005, pp. 10~11. 번역은 새뮤얼 무어Samuel Moore의 번역본에 기초한 것이지만 일부는 필자가 수정 보완했다.

[도판2] 산업화가 한창이던 시절 영국 맨체스터 인근의 크롬프턴.

이야기의 후반에 가서야 세계 시장으로 방향을 틀어 그 규칙들을 바꾸고자 한다.

공작의 후원을 받던 귀족 계급의 괴테라면 혁명가를 자처한 두 사람이 자신의 용어를 사용한 사실에 충격을 받을지 몰라도, 문학 시장에 대한 그의 관심을 고려하면 세계문학이 전 지구적 공급망과 함께 언급된 사실에는 놀라지 않았을 것이다. 또한 괴테라면 원자재와 광업에 관해, 그리고 환경뿐 아니라 사회적 관계까지 재조정하고 있는 산업화에 관해 이야기하면서 마르크스와 엥겔스가 내놓은 진단의 환경적 측면에도 공감했을 것이다. 특히 엥겔스는 맨체스터에서 산업화의 결과를 연구했고 이런 측면을 잘 알고 있었다.

마르크스와 엥겔스가 세계문학을 지지한 만큼 산업화와

세계화, 국제적 공급망과 자원 추출을 지지하는 글을 썼다는 점은 언급할 만하다. 두 작가는 자본주의를 변화시키려고 하는 한편 자원 추출로 해방된 생산력과 그 덕분에 가능해진 전 세계적 사상 교류에 집중하고자 했다.[12]

괴테, 마르크스, 엥겔스 그 누구도 향후 세계문학을 포함한 새로운 세계 시장이 기후를 변화시키기 시작해서 1만 년 전 농경 생활과 함께 본격화된 과정을 급속히 가속시키리라고는 예상하지 못했다. 따라서 우리의 과제는 세계문학 개념의 환경적 측면을 전면에 내세워 산업 시대에 가속화된 자원 추출의 역사에 결부시키는 것이다.

괴테, 마르크스, 엥겔스 이후, 세계문학이라는 용어는 다양한 곳에서 다양한 목적에 맞춰 폭넓게 활용되었고 자신들의 문학적 전통을 제대로 인정받지 못했다고 생각하는 사람들이 가장 흔하게 사용하는 용어가 되었다. 그중 한 사람이 멜렉 라비치Melech Ravitsh다. 그는 이디시어를 문학 언어로 인식시키려는 캠페인의 일환으로 이디시어 세계문학을 주창했다. 남아시아에서는 라빈드라나트 타고르Rabindranath Tagore가 인도의 대서사시 『라마야나Ramayana』와 『마하바라

---

12 이런 의미에서 마르크스와 엥겔스는 나오미 클라인 같은 근래의 환경 작가들과 크게 다르다. 클라인은 기후변화로 인한 최악의 결과를 피하기 위한 근본적인 변화는 자본주의 내에서 도출될 수 없다고 주장한다. Naomi Klein, *The Shock Doctrine: The Rise of Disaster Capitalism*, New York: Knopf, 2007.

타*Mahabharata*』에 대해 이야기하기 위해 이 용어를 사용했다. 그런가 하면 중국 학자 정전둬鄭振鐸는 중국 문학이 해외에서 어떻게 인식되는지에 관심을 기울였다.

이런 차이점에도 불구하고 이 이질적 집단을 관통하는 한 가지 주제가 바로 내셔널리즘의 거부다. 문화적 배경에서 내셔널리즘에 반대했던 괴테부터 경제적, 정치적 내셔널리즘에 반대했던 마르크스와 엥겔스에 이르기까지 이 용어의 창시자들과 이 두번째 집단을 이어주는 것이 바로 내셔널리즘의 거부였다. 라비치는 세계 어디에도 이디시어를 말하고 쓰는 국민nation이 없다는 사실을 알았다(유대인의 내셔널리즘 운동은 히브리어를 국어로 주창하게 될 테지만 말이다). 타고르는 독자들에게 영국 제국에 맞서 투쟁할 때 내셔널리즘을 거부하라고 촉구했다.[13]

정전둬는 문학에서 내셔널리즘을 거부했을 뿐만 아니라 1922년 문학 분과 조직을 통해 내셔널리즘을 추적해냈고 대학들이 국경선을 따라 문학을 규정했다고 한탄했다.[14] 100년

13   Melekh Ravitsh and Borekh Rivkin, "Reflections on World Literature," in David Damrosch(ed.), *World Literature in Theory*, Chichester, West Sussex: Blackwell/Wiley, 2013, pp. 71~84; Rabindranath Tagore, "World Literature," in David Damrosch(ed.), *World Literature in Theory*, pp. 47~57.

14   Zheng Zhenduo, "A View on the Unification of Literature," in David Damrosch(ed.), *World Literature in Theory*, pp. 58~67.

이나 지난 지금도 마찬가지 상황이라는 사실을 알게 된다면 그는 충격을 받거나 어쩌면 자신의 분석에 만족할지도 모르겠다. 우리는 분명 세계문학의 시대를 살지만 각급 학교의 문학 연구는 여전히 편협한 내셔널리즘의 정전들에 기반을 두고 있다. 전 세계적으로 내셔널리즘이 다시 고개를 들고 있다는 점을 감안하면 그리 놀랄 일도 아니다(더 놀라운 점은 다른 측면에서는 내셔널리즘을 거부하는 인문학자들이 이런 구분을 여전히 고수한다는 사실이다).

문학 분과를 국경선에 따라 조직하게 되면 세계문학 수준의 스토리텔링에 접근하기는 훨씬 더 어려워진다. 우리가 국민국가에 매여 있는 한, 기후변화 문제를 해결할 수 없으며 어쩌면 그 문제를 이해할 수도 없기 때문에 그런 사실이 참으로 애석하다.

4장

어떻게 세계를 편찬할 것인가

세계문학을 환경적으로 읽는 새로운 길이 열려야 한다지만, 실망스럽게도 세계 대부분 지역에서 문학 분과가 국가 단위로 조직되는 마당에, 학자들과 작가들은 과연 어디서 그토록 방대하고 감히 다룰 수도 없어 보이는 작품들에 접근할 수 있을까? 접근하기 쉬운 지점 중 하나가 바로 세계문학 선집이다. 세계문학 선집은 여러 면에서 세계문학이 무엇인가라는 질문에 직접적인 답을 제공한다. (데이비드 댐로쉬David Damrosch가 이 분야의 고전으로 꼽히는 『세계문학이란 무엇인가?』를 쓰게 된 것도 세계문학 선집을 편찬한 경험이 계기였다.) 내가 이 길을 추천하는 이유 역시 우연한 기회에 선집을 편찬하면서 세계문학에 친숙해진 덕분이다.

세계문학 선집은 오래전부터 존재했지만 전후 미국의 대학에서 특히 성공적이었다는 사실에 주목할 만하다. 세계문학이 미국에 도입된 시기는 독일에서 나치가 득세하던 극단적 내셔널리즘의 시절이었다. 이때 수많은 작가와 학자들이 유럽을 탈출해 미국에 도착했다. 그중에는 문학 교수 에리히 아우어바흐Erich Auerbach와 레오 슈피처Leo Spitzer도 있었다. 처음에 두 사람은 이스탄불에 체류했는데 목숨을 부지하기 위해서는 피할 수 없는 경험이었다. 두 사람 모두 이스탄불에서 미국으로 이주했고, 그때 세계문학의 개념도 함께 도입되었다.[1]

뜻밖에도 그 개념은 비옥한 토양을 만났다. 미국은 전후 시대로 접어들며 고등교육이 전례 없이 확대되었는데 부분적으로는 귀환 병사들에게 무상으로 대학 진학 기회를 제공한 제대군인법G. I. Bill의 효과였다. 이런 무상교육 확대가 의미하는 바는 고등교육이 더는 소수 엘리트에 국한되지 않는다는 것이었다. 새로운 학생들에게는 새 교수법이 필요했다. 더는 모든 학생이 같은 교육을 받는다고 상정할 수 없었다. 그 결과 곳곳에서 새로운 개론 과목과 교양 과정이 개설되었다. 세계문학 선집은 이런 교육의 새로운 자리를 채우고 학생들과 교사들에게 규범적 작품들을 제공하고 이를 읽고 가르치는 데 필요한 교육적 장치들을 제공하기 위해 등장했다.

세계문학 선집들이 일반적으로 명백한 환경적 주제를 콕 집어 제시하지는 않지만, 거시적 시각을 적용해 독자들이 영향력 있는 작품들에 접근할 수 있게 해준다. 그 작품들은 자원 추출에 의지하는 우리의 정주형 생활 방식을 수반하고 반영하고 방어하고 형성하는 이야기들이다. 세계문학 선집들은 제대로 읽힐 때―정확히 환경 선집으로 읽히지 않을 때―대부분 인류를 자원 추출로 끌어들인 기저의 이야기를 드러낸다는 점에서 큰 가치가 있다.

문학 선집들은 문학 정전들에서 나타나는 변화를 연구

1 이 두 인물에 관해 더 알고 싶다면 Emily Apter, *The Translation Zone: A New Comparative Literature*, Princeton: Princeton University Press, 2006 참고.

하는 데에도 유용하다. 우리가 기후변화를 판단하기 위해 문학의 역사를 활용한다는 것은 환경 문학의 새로운 정전을 만들어내는 것이기도 하거니와 과거와 현재의 정전들을 다르게 읽는 것이기도 하다. 이는 정전을 그저 당연한 것으로 받아들여서는 안 된다는 뜻이다. 사실 정전은 늘 바뀌고 그것은 기후변화 시대에도 마찬가지일 것이다. 특히 환경 문학 정전의 부상이 새롭게 목격되었는데 주로 지난 2세기 동안에 집중된 현상이었다. 세계문학 선집들은 이처럼 정전이 형성되는 과정을 살펴보기에 용이하다.

오늘날 세계문학 선집들을 대표하는 정전과 200년 전 괴테가 구상했던 정전을 비교하면 정전 형성의 역학관계를 가시화할 수 있다. 중국 소설부터 산스크리트어 희곡과 페르시아 시까지 괴테가 추천했던 텍스트 중 일부는 지금도 세계문학의 근간을 이룬다. 따라서 괴테의 구상은 세계문학을 위한 성공적인 변론이었다고 말할 수 있다.

동시에 오늘날 세계문학 정전이 된 텍스트의 상당수는 괴테가 관리하던 지방의 안나 아말리아 도서관—도서관 관리도 괴테가 담당했던 여러 행정 업무 가운데 하나였다—에서는 접할 수 없었던 것들이다. 우리가 지금은 문학 작품이 전 세계적으로 유통되는 것을 당연시하지만 19세기에는 아직 시작도 되지 않은 일이었기 때문이다. 괴테가 세계문학이라는 용어를 처음 만들어 사용한 이후 200년이 지나서야 세계

[도판 3] 바이마르에 소재한 안나 아말리아 도서관의 로코코 홀.
괴테는 이곳에서 세계문학에 관한 몇 가지 연구를 진행했다.

문학의 많은 작품이 처음으로 발견되고 번역되었다.

예컨대 괴테가 중국 문학을 탐구할 때, 중국 소설의 정전으로 손꼽히는 『서유기』와 『홍루몽』은 아직 번역도 되지 않은 상태였다. 아슈르바니팔의 도서관 유적에 묻혀 있던 『길가메시 서사시』와 일본 밖으로는 알려지지 않았던 『겐지 이야기』, 어느 도서관에서 거의 잊힌 채 빛이 바래가던 『포폴부』, 수 세기 동안 호메로스의 서사시가 그랬듯 여전히 구술로 전승되던 『순자타 서사시』를 포함해 내가 언급했던 다른 작품들 역시 같은 상황에 있었다. 그렇다면 지금은 괴테의 정전 목록을 업데이트하고 기후변화의 관점에서 이 새로운 정전 목록을 읽어야 할 시점이다.

앞서 말했듯이, 우리가 세계문학 선집을 중요한 도구로 활용할 수 있다는 내 제안은 개인적인 것이기도 하다. 내가 처음 문학에 관한 거시적 사고에 이르게 된 과정이 그러했다. 15년 전쯤 『노턴 세계문학 선집』의 편집진으로 발탁되었을 때의 일이다. 그 이후로 나는 세계문학 선집으로 할 수 있는 일의 진가를 알게 되었고 그 역사와 목적, 저평가된 주제를 고찰하는 일의 가치를 생각하게 되었다.[2] 그래서 독자들의 양해를 얻어 잠시 내 지적 궤적을 간략히 짚어보고자 한다.

처음에는 "세계문학"이라는 범주가 너무 버겁게 느껴졌다. 나는 곧 내가 얼마나 무지한지, (인정하기 힘들지만 『판차탄트라』 『자타카 이야기』 『포폴 부』 『순자타 서사시』를 포함해서) 들어본 적 없는 문학 작품이 얼마나 많은지 깨달았고 공포가 밀려들었다. 세계문학같이 방대한 문제를 어떻게 감당할 수 있을까? 절망감에 휩싸인 나는 지침이 될 만한 책을

[2] 예외적인 사례로는 런던 퀸메리 대학교QMUL에서 키에라 바츨라비크Kiera Vaclavik와 이저벨 파킨슨Isabelle Parkinson의 지도 아래 수년간 이 장르를 연구한—그리고 가르친—집단을 꼽을 수 있다. 감사의 말에서도 언급한 바와 같이, 이 책의 토대가 된 강연은 런던 퀸메리 대학교에서 열렸고, 그 후에 나는 2019년 11월 프린스턴 대학출판부와 옥스퍼드 대학교가 공동 주최한 취임 공개 강연 시리즈를 위해 그 원고를 다듬어 다시 썼다. 선집과 관련해 내가 큰 배움을 얻은 또 다른 학자는 리아 프라이스였다. 특히 다음 책에서 많은 것을 배웠다. Leah Price, *The Anthology and the Rise of the Novel: From Richardson to George Eliot*, Cambridge: Cambridge University Press, 2000.

찾기 시작했다.

내가 읽은 첫 텍스트들은 세계사에 관한 것이었는데, 인류의 전반적 이야기를 종합하고 정제하고 비교하고 대조해 들려주고자 하는 작품들이 넘쳐난다는 사실을 알게 되었다. 이 장르는 학술적인 것부터 대중적인 것까지 다양했지만 어떤 접근법을 취하든 역사의 폭넓은 윤곽을 그리고 역사의 동인과 행위자들을 구체화하는 것이 과제였다.[3] 나는 상품의 역사에 특히 흥미를 느꼈다. 예컨대 마크 쿨란스키의 『대구: 세계의 역사를 뒤바꾼 어느 물고기의 이야기』(1998)나 『거대한 굴: 하프셸의 역사』(2006) 같은 작품들이 흥미로웠고 『소금: 인류사를 만든 하얀 황금의 역사』(2002)도 좋았다. 이 이야기들은 천연자원의 역사와 그 추출의 이면에 놓인 경제적, 문화적 동인의 역사를 들려준다.[4] 나는 여기에 거시적 시각을

3 마크 쿨란스키의 해산물 3부작은 다음과 같다. Mark Kurlansky, *Cod: A Biography of the Fish that Changed the World*, New York: Penguin Books, 1998; *Big Oyster: History of the Half-Shell*, New York: Random House, 2006; *Salt: A World History*, New York: Penguin Books, 2002. Jared Diamond, *Guns, Germs, and Steel: The Fates of Human Societies*, New York: Norton, 1997. J. R. McNeill and William H. McNeill, *The Human Web: A Bird's-eye View of World History*, New York: Norton, 2003. 상품의 역사를 보여주는 또 다른 예는 다음 책이다. Jonathan Morris, *Coffee: A Global History*, London: Reaktion Books, 2019. 이 책은 최근 미국에서 나타난 커피를 향한 열광의 비용을 상세히 다룬다.

4 나는 브루스 로빈스와 상품의 역사를 고찰한 그의 글에서 많은

담은 또 다른 작품들을 보완했다. 재레드 다이아몬드의 『총 균 쇠: 인간 사회의 운명을 바꾼 힘』(1997)과 J. R. 맥닐과 윌리엄 H. 맥닐의 『휴먼 웹: 세계화의 세계사』(2003) 등이다. 그 뒤로 거시적 사고는 놀라운 성공을 거뒀다. 예컨대 유발 하라리의 『사피엔스: 유인원에서 사이보그까지, 인간 역사의 대담하고 위대한 질문』(2011)이 있다.[5]

이런 읽기 과정을 끝낸 뒤 나는 문학으로 눈을 돌려 세계사에 상응하는 문학을 찾고자 했다. 안타깝게도 그리 많지는 않았다. 여러 백과사전과 참고문헌들을 뒤졌지만 애석하게도 서양문학에만 초점을 맞춘 에리히 아우어바흐의 『미메시스』(1946) 같은 작품을 제외하고는 역사가들의 작업에 견줄 만한 것을 찾지 못했다.[6]

나는 거시적 작품들을 찾으려는 과정이 헛수고로 돌아간 뒤에 비로소 우리 문학 교육과 학술 연구의 문제점을 깨달았다. 바로 국가적 전통에 깊이 뿌리를 두고 좁은 범위의 시간에만 집중한 채 종합적 연구와 연구 목적에 관한 더 큰 질문에는 의구심을 갖는다는 점이었다. 당신이 형식주의자인지 유

    도움을 받았다. Bruce Robbins, "Commodity Histories," *PMLA* 120, no. 2, March 2005, pp. 454~63.

5   Yuval Noah Harari, *Sapiens: A Brief History of Humankind*, New York: Harper, 2015.

6   Erich Auerbach, *Mimesis: Dargestellte Wirklichkeit in der abendländischen Literatur*, Zurich: A. Francke Verlag, 1946.

물론자인지, 세밀한 읽기에 골몰하는지 역사적 맥락에 집중하는지는 중요하지 않다. 텍스트의 숨은 의미를 파고드는지 아니면 표면적 의미에만 머무는지는 중요하지 않다. 당신이 구조를 찾으려 하는지 아니면 구조가 무너지는 순간을 고대하고 있는지는 중요하지 않다. 모두가 동의할 법한 한 가지는 이를테면 문학 연구의 단위는 협소하고 집중적이며 구체적이고, 그래서 거시적 시각을 갖는 데는 도움이 되지 않는다는 사실이다.[7]

7   거대 서사에 반대하는 경고, 곧 더 큰 이야기를 들려주려는 시도는 어떤 경우에도 다른 모든 것을 희생한 대가로 하나의 구체적인 경험을 보편적인 경험으로 고양하려는 부당한 시도에 불과하다는 생각이 확산된 것도 이런 경향을 부추긴 또 다른 요인이었다. 역사적으로 권좌에 오른 자들은 자신의 중요성을 직접 이야기하며 특정한 가치와 문학을 보편화하려는 경향이 있다는 점에서는 그런 시각에도 얼마간 정당성이 있다. 보편자의 선언은 흔히 지배를 가리는 얄팍한 포장이며, 인종주의자들이나 식민주의자들의 억지 주장으로 뒷받침된다. 거대 서사를 포기하는 대신 구체적인 텍스트들이 일반화 시도들을 어떻게 좌절시키는지를 탐구하는 편이 훨씬 낫다고 결론 낸 이들이 많았다.
    예나 지금이나 보편주의에 대한 정치적 의구심은 이해할 만한 것이지만, 거시적 사고를 모두 일축하는 결론은 그 자체가 구체적인 역사적 관측—보편적 주장이 어떻게 권력을 은폐하는가—을 하나의 보편적 관측으로 변환한 사례다. 거시적 전망들은 모두 은폐된 권력의 작용이다. 나는 거시적 사고라면 모조리 외면해버리는 이런 태도가 부지불식간에 문학 연구를 국민 문학의 분과에 가두고 작은 단위의 물음과 더 제한적인 결론들에 몰두하게 했다고 믿는다. 그리고 문학 분과를 이런 식으로 조직하게 되면 특정 목적에 유용한 거시적 전망을 얻기

2000년대 중반 『노턴 세계문학 선집』을 새로 편찬할 때 우리가 직면한 그 분야의 상황이 그랬다. 내가 우리라고 말한 사람들은 우리 편집진으로서 에밀리 윌슨, 빕케 데네케, 수잰 악바리, 바버라 푹스, 캐럴라인 러빈, 페리클리스 루이스가 그 핵심 구성원들이다(나는 우리 공동 편집진을 생각할 때면 늘 연대순으로, 곧 그들이 담당한 시대와 책의 순서대로 떠올린다). 우리는 여러 다른 분야 전문가들의 도움을 받으며 우리 분과에서는 꺼리는 거시적인 문학의 그림을 맞춰가기 시작했다. 지금까지 내가 맡아온 프로젝트 가운데 이 선집은 유독 협업이 중요했다. 수십 명의 전문가가 참여하고 수백 명의 사람들이 자문을 맡았다. 감사의 말에 어느 때보다 긴 명단이 언급되었는데 충분히 그럴 만했다. 다른 분야도 그렇지만 문학에서 대규모 프로젝트를 수행하려면 인문학에서는 흔치 않은 규모의 협업이 필요하다. 사실 문학 분야에서는 거시적 사고가 보편적이지 않다고 생각하게 되었는데, 어느 정도는 연구 관행과 방법이 너무 개별적이라서 그런 프로젝트를 수행할 때 요구되는 협업이 쉽지 않기 때문이다.[8]

8 어려워진다. 이를테면 거대한 시간 단위에서 작용하는 기후변화 같은 문제들을 풀어내는 데 유용한 전망을 얻기 어려워진다. 달리 표현하자면, 전문적이고 집중화된 작업들을 도외시하려는 의도는 전혀 없다. 오히려 나를 포함해서 큰 틀의 질문들을 다루는 이들은 전문 연구에 크게 의존한다. 우리가 큰 틀의 사고를 외면해서는 안 된다는 것이 내 유일한 주장이다. 우리에게는

동시에 우리 편집진은 출판에 관해서도 속성 수업을 받았다. 처음에 우리는 적어도 『노턴 선집』이 세계문학에 기여하는 한에서는 사실상 세계문학 정전을 다시 만들 위치에 있다는 생각에 설레는 마음을 감출 수 없었다. 더구나 우리는 『노턴 선집』이 세계문학 선집 가운데 가장 규모가 크고, 1천 곳이 넘는 대학과 고등학교에서 사용된다는 것을 알고 있었고, 학자로 살아온 삶에서 처음으로 우리의 작업이 문학 교육에 엄청난 영향을 끼칠 수도 있다고 생각했다.

그러나 우리는 우리 자신의 영향력에 대한 환상이 크게 잘못되었음을 곧 깨달았다. 우리의 선집이 그토록 수많은 사람들에게 사용된다는 사실은 선집 구성을 위한 선택에 지분을 가진 이해당사자가 많다는 의미였다. 편집회의 자리에서 노턴 출판사 편집자 피트 사이먼이 전국의 교사 수백 명에게 보냈던 설문의 답변서 뭉치를 우리 앞에 내놓았을 때 이런 사실을 새삼 깨닫게 되었다. 논지는 분명했다. 이 선집은 **그들의** 것이지 우리 것이 아니라는 것이었다. 우리가 준비할 것은 교

> 두 가지가 모두 필요하다. 지금 당장만 해도, 문학 연구는 집중 연구에 치우쳐 있다. 사실 배타적이라는 말을 덧붙이고 싶을 지경이다. 내가 거시적 접근법을 지지하고 나선 것도 그 때문이다. 이와 관련해 내가 칭찬해 마지않는 책이 바로 에드워드 사이드의 『오리엔탈리즘』이다. 이 책은 공허한 보편자를 경계하는 동시에 내가 추구하는 큰 틀의 사고를 실행한다. Edward W. Said, *Orientalism*, New York: Pantheon, 1979.

사와 학생 들의 요구에 부응하는 것이지 세계문학에 관해 우리가 지지하는 이론과는 관계없는 것이었다. 우리 모두 겸손하게 받아들여야 할 경험으로 그 일을 기억하고 있다. 우리는 특정 목적에 부합하는 무언가를 준비하고 있었고, 그 목적은 세계문학이라는 힘겨운 주제와 씨름하는 교사와 학생 들을 돕고 그들이 문학 분야 전문가들은 대체로 꺼리는 일종의 거시적 사고에 이를 수 있게 조력하는 것이었다.

뒤이은 몇 개월간 그리고 몇 년 동안 우리는 제도이자 장르로서 선집에 관해 많은 것을 배웠다. 일부 학자들은 미국의 선집들이 나머지 세계에 문학의 특정한 관점을 강제할 수 있다고 우려하기도 했지만, 우리는 이 선집이 실제로는 북아메리카 시장만을 위해 기획되었다는 사실을 알고 있었다.[9] 세계

9   간혹 미국 출판사들이 내놓은 세계문학 선집들이 수출 상품이며 세계문학에 대한 미국인의 시각을 나머지 세계에 강요한다는 오해를 받기도 한다. 나는 영어의 지배적 위치로 인한 세계문학의 왜곡에 대한 우려에 대체로 공감한다. 그러나 세계문학 선집의 경우에는 이런 우려가 온당치 않아 보인다. 『노턴 선집』 같은 세계문학 선집들은 수출에 힘쓰기는커녕, 비영어권 문학 작품들을 미국의 교실에 도입할 목적으로 수입에 전념한다. 『롱맨 세계문학 선집』과 『베드퍼드 세계문학 선집』의 경우도 마찬가지다. 이 선집들의 경우 시장이 북아메리카에 한정되어 있고 해외에서 판매될 리 없다. 한 가지 흥미로운 이유는 다른 나라들에는 대체로 일반교양으로 세계문학을 가르치는 관행이 존재하지 않는 듯하다는 점이다. 서서히 변화가 나타나는 것 같기는 하지만 그런 교육 관행이 있는 곳에서는 영역본을 사용하지 않는다.

문학 선집은 수출품이 아니라 미국 학생들에게 외국문학을 읽히기 위한 수입품이었다.

북아메리카에서 이 선집의 지리적 범위는 훨씬 더 놀라웠다. 나는 선집이 겨냥한 주요 대상이 국제적 성향이 두드러진 미국의 해안 지역이라고 생각했다. 그러나 실제로 선집을 선택한 사람들의 절반이 (미국 전체 인구의 14퍼센트에 불과한) 남부 11개 주에 거주하고 있었다. 왜일까?

초기에 이런 교육 과정과 그에 따른 세계문학 선집은 서양문학을 강조했지만, 차츰 그 영역을 확대했다. 경제적 세계화에 따라서, 그리고 특히 1965년에 미국이 유럽 출신 이민자를 선호하던 이민법을 폐지함에 따라서 그 영역이 확대되었다. 점차 선집에도 변화가 일었고 비서구 문학의 비중이 높아졌다.

선집에 포함된 세계문학 정전의 확대에도 불구하고—아니 어쩌면 확대된 탓에—1980년대와 90년대에는 간혹 여성, 소수 문화, 비서구 전통과 그 외 범주들의 대표성을 둘러싼 논쟁, 이른바 "정전의 전쟁"이 벌어졌다.[10] 정전을 둘러싼 전쟁이 격화하면서 여러 대학, 특히 동부와 서부 해안 지역의 엘리트 교육 기관들은 명저에 기반한 일반교양 프로그램 의

10　이 논쟁에 관한 흥미로운 통찰은 다음 글에서 명확하게 설명되었다. John Guillory, "Canon, Syllabus, List: A Note on the Pedagogic Imaginary," *Transition*, no. 52, 1991, pp. 36~54.

무화에서 벗어나 영역별 필수 교양교육으로 전환했다. 남부의 많은 대학들은 일반교양 과목들을 유지했지만 서양문학에서 세계문학으로 그 영역을 서서히 넓혀갔다. 그 결과 남부 지역 대학들은 해안 지역 대학들보다 세계문학에 훨씬 깊은 관심을 보인다. 그리고 나는 예상과 달리 국제적 성향의 해안 지역이 아닌 남부 지역 대학들이 주로 우리 선집을 채택한 이유를 비로소 깨달았다.

『노턴 선집』의 경우에 서양문학 과정들을 세계문학 과정들로 전환하는 절차가 최근에 완료되었다. 애초에 우리 편집진이 맡았던 것은 선집 하나가 아니라 『노턴 세계문학 선집』과 『노턴 서양문학 선집』, 그리고 두 선집을 간추린 몇 가지를 포함한 일련의 선집들이었다. 그런데 최근에 우리는 서양문학 선집의 편찬을 중단하기로 결정했다. 내적 응집력이 없다는 게 주된 이유였다. 그동안 우리는 서양문학 선집에 라틴아메리카와 중동의 문학뿐만 아니라 유럽 식민지들의 언어로 집필된 다른 지역의 문학 작품도 포함시켜왔다. 그 때문에 서양문학은 본질적으로 동아시아를 제외한 세계문학으로 규정되었다. 솔직히 말하면 이런 규정은 큰 의미가 없었다. 서양문학 선집에 대한 수요가 점점 줄었고, 우리는 결국 서양문학과 세계문학을 통합하기로 결정했다.[11]

11　　세계문학 선집의 변화에 관한 최근의 설명으로는 다음 글을 참고.
Markella Rutherford and Peggy Levitt, "Who's on the Syllabus? World

동료 편집진과 협력자들로부터 배운 바를 토대로 내가 주장하고자 하는 바는 세계문학 선집이 교사와 학생 들을 환경 문제 같은 거시적 문제들에 초점을 맞추게 할 수 있다는 것이다. 그리고 세계문학 선집은 통상 대단위 일반교양 교육에 활용되므로 특히 비전공 학생들에게 기후변화의 문학적 측면을 소개하는 데 효과적일 수 있다.

나는 지금까지 내 경험을 토대로 세계문학 선집을 상세히 다루었다. 이와 더불어 세계문학은 문학에 관해 거시적으로 사고할 수 있는 유일한 도구도, 최상의 도구도 아니라는 점을 덧붙여야겠다.[12] 검색 가능한 텍스트들의 집대성으로 새롭게 가능해진 양적 접근법이 또 하나의 대안이다.[13] 비록 내가 직접 디지털 인문학에 참여하고 있지 않으면서도 이런 접근법에 큰 기대를 품는 이유는 나 자신이 문학 교육을 받으

Literature According to the US Pedagogical Canon," *Journal of World Literature* 5, 2020, pp. 606~29.

12 나는 기후변화의 문학적 측면들을 설명하는 데 이런 선집들이 더 자주 사용되기를 바란다. 세계문학 선집을 편찬한 다른 팀들은 물론이고 나와 내 동료들 또한 이런 선집들을 구성하면서 환경적 측면들을 전면에 부각하지 못했으나 앞으로는 변화가 있으면 좋겠다. 세계문학 선집을 편찬한 동료들을 향해 생태비평에 더 깊이 파고들라는 나의 권고는 누구보다도 나 자신을 향한 것이다.

13 가장 눈에 띄는 사례는 스탠퍼드 문학실험실Stanford Literary Lab의 작업이다. 이 실험실은 프랑코 모레티가 설립한 것으로 현재는 마크 엘지-휴윗Mark Algee-Hewitt이 맡아 운영하고 있다. 다음 글도 참고. Franco Moretti, *Distant Reading*, London: Verso, 2013.

며 아쉽다고 느꼈던 스케일에 접근할 수 있게 해주기 때문이다.[14] 큰 틀의 사고를 위한 또 다른 매력적인 모델은 와이 치 디목Wai Chee Dimock이 주창한 딥 타임deep-time 독서 관행인데 그는 상당히 오랜 기간을 관통하는 울림에 초점을 맞추었다.[15] 내 생각에는, 문학과 환경에 관한 큰 틀의 사고에 도달할 수 있을지 여부가 중요하지 방법은 중요하지 않다. 그러므로 어떻게든 우리의 문학 도구함에 이런 유형의 주의력을 추가해야 한다.

이제 생태비평과 세계문학에서 배운 것을 토대로 두 분야의 통찰을 참조하는 환경적 읽기의 프로토콜을 개괄하고자 한다.[16]

14 학계에서 디지털 인문학의 운명은 부침을 거듭했다. 초기 이 새로운 접근법의 전망을 과대 평가하며 열광하던 시기가 지나가고 역풍이 불기 시작했다. 그러나 아직은 초기 단계이며 양적 혁명은 이제 막 시작되었을 뿐이다. 디지털 인문학이 일부 비평가들의 염려처럼 다른 접근법들을 밀어낼 것이라고 생각하지는 않는다. 우리는 디지털 인문학을 중요한 새 도구로 삼아 데이터베이스 접근에도 활용할 수 있고 문학사에서 대부분의 연구가 집중하는 기본값인 20년에서 70년보다 더 큰—혹은 더 작은—스케일의 질문들을 던지는 데도 활용할 수 있을 것이다.

15 Wai Chee Dimock, *Through Other Continents: American Literature Across Deep Time*, Princeton: Princeton University Press, 2006. 또한 다음을 참고. Mads Rosendahl Thomsen, "Posthuman Scale," *CounterText* 2, no. 1, March 15, 2016, pp. 31~43.

16 세계문학의 측면에서 논의는 주로 정전의 문제, 무엇을 포함하고 무엇을 포함하지 않을지에 집중되었고, 그 정전들을 어떻게 읽고

독서의 프로토콜

1. 문학 작품을 읽을 때는 정착 생활과 그 유지에 필요한 자원 추출에 공모하여 이를 옹호할 가능성이 큰 매체를 마주하고 있다는 사실을 절대 잊지 말라. 문학이 자원 추출이나 권력에 저항하리라는 희망은 곧 실망으로 바뀔 것이다. 그렇지 않은 사례가 있다면 예외일 뿐 일반적인 것이 아니다. 20세기 이전에 생산된 문학은 특히 그렇다 (실은 문학의 대부분이 그렇다).

2. 자원 추출에 대한 문학의 공모는 오늘날에도 문학 작품들이 대체로 나무를 주원료로 만든 종이에 인쇄된다는 사실에서도 곧바로 알 수 있다. (종이는 본래 중국에서 발명되어 아랍 세계로 전파되었고 아랍의 지배 아래 있던 스페인을 거쳐 유럽에 전해졌다). 글쓰기의 환경적 비용과 영향을 필기 도구부터 글의 유통과 수용 방법에

> 활용할지에 관해서는 거의 주의를 기울이지 않았다. 나는 읽기 방식들에 더 적극적으로 참여할 것을 권유한다. 그런 참여를 통해 세계문학 정전들이, 어떻게든, (무엇보다) 환경에 대한 관심을 자극하리라는 바람이 있기 때문이다. 내 경험에 비추어 볼 때, 편집진이 세계문학 선집을 얼마나 바꿀 수 있는지에 대해서는 여전히 한계가 있으며, 그런 변화는 교사들이 원하는 바에 따라 이루어져야 한다는 것을 알고 있다. 이처럼 **정전**들은 서서히 바뀌면서 다양한 요구에 부응하지만 읽기 **방식**은 훨씬 쉽고 빠르게 바꿀 수 있다.

이르는, 또한 전자화된 데이터베이스와 보급 방식도 포함하는 문학의 물질적 토대에 연결하라.

3. 문학은 정주 생활을 지지할 뿐만 아니라 구술을 억압하는 경향도 있다. 모든 기록 문학은 구술 전통과 연결되어야 하며 글과 구술의 복잡한 과정과 상호작용에 연결되어야 한다. 구술 형식들을 통해 정착 생활과 공모하지 않고 새로운 관점을 허락하는 스토리텔링이 가능할 수 있다. 글과 구술은 서로 연결된 하나의 체계로 이해되어야 한다.

4. 글쓰기와 자원 추출 사이에 다양한 형태의 공모가 이루어진다는 것은 우리가 결을 거슬러 텍스트를 읽어야 한다는 것을 의미한다. 특히 텍스트가 어떻게 도시와 촌락, 문명과 야만, 인간과 동물, 도시 생활과 야생을 구분하는지, 정착하지 않는 삶에 대해 어떤 태도를 전하는지 주목해야 한다.

5. 정착 생활의 토대는 다양한 형태의 집약농업이므로, 통상 주변적이기는 하지만 문학 텍스트들이 이런 농업의 토대를 어떻게 다루는지 주목해야 한다. 우리 문학 연구자들은 고대 메소포타미아에서 후기산업화 시대에 이르기까지 농업의 역사와 기타 자원 추출의 형태들에 관한 역사를 숙지해야 한다.

6. 기후변화는 하나의 국가나 문화에 한정되지 않고 인류

역사에 깊이 뿌리내리고 있으므로 특정 지역과 시대에 한정된 설명에 안주해서는 안 된다. 그보다 세계문학의 스케일에 맞는 분석 방식을 익혀야 한다. 그것은 미시적 접근(줌인)과 거시적 접근(줌아웃)이 모두 가능한 분석 방식으로서 이를 통해 특정 사례 연구를 인간 행위에 관한 더 큰 문제와 연결시키고 더 폭넓은 비교의 관점을 도출할 수 있다.

7. 세계문학 정전들도, 세계문학 선집들도 중립적인 도구가 아니며 문학 자체가 그렇듯이 지난 200년 동안 가속된 자원 추출의 생활 방식과 공모한다. 그러나 이런 공모를 이유로 이들을 폐기해야 하는 것은 아니다. 오히려 바로 그런 점 때문에 우리가 어떻게 인류 역사의 이 중요한 순간에 이르게 되었는지를 이해하도록 도와줄 귀중한 자료가 될 것이다.

# 5장
미래를 위한 이야기들

여섯번째 대량 멸종의 책임은 인류에게 있다—우리가 바로 새로운 운석이다—는 각성에 따라 우리는 지난 4천 년의 이야기를 어떻게 들려주어야 할지뿐만 아니라 미래에 어떤 이야기를 들려주어야 할지도 생각하지 않을 수 없게 되었다.[1] 달리 말하자면 지금으로서는 세계문학을 새로운 방식으로 해석하고 변화시키는 일이 중요하다. 그렇다면 지금은 생태비평과 세계문학의 양방향 대화를 확대해 픽션이든 논픽션이든 새로운 이야기를 생산하는 이들, 모든 부류의 창조적 작가들을 포용해야 할 때다. 픽션 작가든 논픽션 작가든, 시인이든 극작가든 상관없이 현재와 미래의 창조적 작가들을 향해, 그리고 환경에 관한 그들의 관심에 대해 문학 연구가 말해야 하는 것은 무엇일까?

작가, 언론인, 정책 결정자 들과 이야기의 파급력에 관해 수많은 대화를 나누면서 그들로부터 다음과 같은 질문을 받아왔다. 문학비평가로서 당신은 독자에게 미치는 이야기의 영향에 관해 무엇을 알고 있는가? 서로 다른 유형의 이야기들에 관해 무엇을 알고 있는가? 우리가 해야 할 이야기와 하지 말아야 할 이야기는 무엇인가? 부끄럽게도 나는 그들의 질문에 자신 있게 답하지 못했다. 어물쩍 말을 얼버무린 적도 한두 번이 아니다.

[1] Elizabeth Kolbert, *The Sixth Extinction: An Unnatural History*, New York: Henry Holt, 2014.

이런 상황에서 나는 승리가 확실히 보장된 것, 이를테면 할리우드 재난 영화를 비난하는 따위의 일은 피하고자 했다. 물론 재난 영화의 종말론적 결말은 사람들의 판단력을 마비시켜 안일함에 빠지게 할 뿐 목표 행동을 이끌어내는 데 아무런 효과도 없어 보인다. 그러나 문학 연구의 많은 부분이 그렇듯이 이는 검증되지 않은 가설이다. 정량적 방법이 특히 유용한 것이 바로 이 부분이다. 연구자들에게 특정 종류의 이야기들이 독자에게 주는 영향에 대해 경험적으로 검증된 지식을 전달하라는 경종이 되기 때문이다.[2]

다행히 우리는 이제 처음으로 이야기의 효과에 관한 실증적 정보를 도출할 수 있는 도구를 확보했다. 예를 들어, 문학 연구자들은 스토리텔링과 독서에 관한 흥미로운 정보를 보유한 팬픽션 회사 왓패드Wattpad 같은 스토리텔링 웹사이트를 통해 사용자들의 데이터를 확보할 수 있다. 물론 온라인 독자와 전자책을 공급하는 아마존 같은 회사들을 활용할 수도 있다. 다행히 문학 연구는 이런 종류의 실증적 연구를 위해 더 많은 공간을 할애하기 시작했다.

가급적 가장 넓은 토대에서 우리의 새로운 이야기들을

[2] 환경 연구에 디지털 수단들을 활용하는 학자들 중에서 매슈 슈나이더-마이어슨과 그의 다음 글이 주목할 만하다. Matthew Schneider-Mayerson, "The Influence of Climate Fiction: An Empirical Survey of Readers," *Environmental Humanities* 10, no. 2, 2018.

이끌어내려면 어떤 유형의 이야기를 활용하거나 재구성해야 할까? 이야기 유형론의 생산은 문학비평에 힘이 되어왔다. 일부 설명에 따르면, 이는 아리스토텔레스가 『시학』에서 비극의 규칙을 간추려 설명한 이래로 학자들이 줄곧 해온 일이다. 유일한 어려움이라면 거의 합의가 없다는 사실인데 어쩔 수 없는 일이다. 널리 유포된 동영상에서 커트 보니것Kurt Vonnegut이 제안한, 텔레비전에 가장 잘 어울리는 도식으로 시작하는 것도 나쁘지 않을 듯하다(구글에 검색해보면 바로 찾을 수 있다). 동영상에서 보니것은 무심한 표정으로 세 가지 이야기 유형에 관해 설명한다.

1. 보통 이상의 행복을 누리던 주인공이 곤경에 빠져 불행을 겪는다. 그러나 상황이 그대로 유지되지는 않고 용기와 타인의 도움으로 예전 행복을 되찾는다. (보니것은 이를 가리켜 "곤경에 처한 남자man in hole"라고 말한다. 그러면서 반드시 남자일 필요는 없고 반드시 곤경에 빠질 필요도 없다고 덧붙인다.) 그래프는 꽤 높게 시작해서 내려갔다가 다시 출발점보다 상당히 높이 올라간다.
2. 두번째 이야기 유형에 등장하는 평균적인 주인공들은 행복한 순간을 맛보지만 곧 모든 것을 잃고 나락으로 떨어진다. 그러나 그 후 다시 밝은 미래가 찾아오고 행복을 되찾는다. (보니것은 이를 가리켜 "소년 소녀를 얻다boy

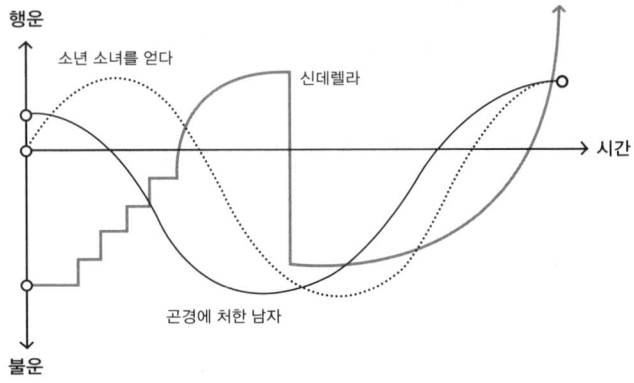

[도판 4] 1985년 강연에서 커트 보니것이 설명한
세 가지 이야기 유형을 보여주는 도식.

gets girl"라고 말하는데, 이번에도 반드시 소년과 소녀일
필요는 없다고 덧붙인다.)

3. 세번째 이야기 유형은 가장 잘 알려진 것이다. 보니것은 아주 낮게, 모든 것을 잃은 어린 소녀로 시작한다(그런데 이번에는 소녀일 필요가 없다고 말하지 않는다). 신데렐라로 알려진 이 소녀는 요정의 도움으로 잘 차려입고 무도회에 가서 왕자와 춤을 춘다. 그러나 밑바닥에서 정상에 오른 이런 상승은 오래가지 못한다. 신데렐라는 다시 추락하고 모든 것을 잃는 것처럼 보이는데 이는 왕자와 결혼하여 다시 상승하기 위한 그녀의 운명에 따른 것이다.

보니것의 시도는 이야기 유형들을 도식화하려는 여러 시도 가운데 하나에 불과하다. 구조주의 경향의 학자들은 환생, 괴물 퇴치, 여행과 귀환, 호리병에 갇힌 요정을 풀어주는 이야기, 복수, 변신과 승리한 바보들의 이야기를 추려낸다. 그들은 장르와 양식에 따라, 곧 비극, 희극, 풍자에서 로맨스와 반란에 이르는 이야기들을 분류했다. 블라디미르 프로프가 확실하게 입증했듯이, 개별 이야기의 줄거리와 유형은 그 구성요소에 따라 더 세분할 수 있다. 그는 동화에서 31개의 구성요소를 찾아냈다.[3] 분류의 가짓수가 이렇게 늘어나는 것이 당혹스럽다면, 모든 이야기를 단 하나의 이야기, 곧 『천의 얼굴을 가진 영웅』으로 환원한 조지프 캠벨을 참고할 수도 있다.[4]

이야기 유형과 플롯을 연구하기 위해 문학 연구로 향한 이들이 활용할 수 있는 소재는 이런 도식들만큼이나 많고 다양하다. 중국을 포함한 비서구 문학비평도 수백 년 혹은 수천 년 동안 이어져온 서로 다른 문학 전통을 연구하며 탄탄한 지

---

[3] Vladimir Propp, *Morphology of the Folktale*, Austin: University of Texas Press, 1968. 초판은 로런스 스콧이 번역을 맡았고 스바타바 피르코바-제이컵슨이 서문을 썼다. 위의 개정판에서는 루이스 와그너가 수정과 편집을 맡았고 서문도 썼다.

[4] Joseph Campbell, *The Hero with a Thousand Faces*, New York: Pantheon Books, 1949. 이 책은 부분적으로 제임스 프레이저 경의 『황금가지』에 기반하고 있다. James George Frazer, *The Golden Bough: A Study in Comparative Religion*, London: Macmillan, 1890.

식을 쌓아왔다. 예컨대 중국의 경우 (공자의 작품이라고 잘못 알려진) 『시경詩經』의 「대서大序」로 시작할 수도 있으며, 남아시아의 경우 바라타 무니가 『나티아 샤스트라』에서 구체화했다고 전하는 라사[rasa: 교훈시]의 가르침으로 시작할 수도 있다. 문학비평은 여전히 1950년대에 세계문학 선집에서 시작된 팽창 과정을 이어가고 있다. 어쩌면 진정으로 전 지구적인 문학비평 선집이 있어야 할지도 모른다. 특히 개인이든 집단이든 환경에 관한 스토리텔링에 종사하는 이들은 누구나 이렇게 축적된 지식을 더 널리 더 쉽게 활용할 수 있어야 한다.

문학 연구는 장르와 플롯 유형에 관한 심층적 지식을 제공할 수 있지만, 스토리텔링에는 우리의 목적에 매우 중요한 한 가지 구체적인 범주가 있다. 바로 작인이다. 모든 이야기는 신의 개입이든, 개별 행위자든, 우연과 상황의 총합이든, 아니면 다른 어떤 원동력이든 간에 A에서 B로 나아가는 방법과 움직임을 일으키는 힘이 무엇인지를 구체화해야 한다. 이런 작인의 문제는 인간이 초래한 기후변화 같은 문제에서 특히 중요하다.

수많은 이야기가 개별 주인공, 천의 얼굴을 지닌 영웅들에 초점을 맞춘다. 확실히 작인은 대체로 더 분산적이어서 보조적인 행위자들은 주인공과 동행하며 도움을 주거나 진로를 방해하며, 다양한 외부 환경도 모두 저마다의 역할을 한다.

그러나 주인공은 언제나 일종의 작인, 곧 세계에 작용하는 힘의 결집체다. 서사 문학의 사례처럼 경우에 따라서는 한 개인에 집중된 이야기가 전체 사회를 위한 더 넓은 암시를 지닌 것으로 이해되기도 한다. 여기서 길가메시와 엔키두 같은 개별 행위자들은 신과 평범한 인간들 사이 어딘가에 위치하거나 나라 전체에 영향력을 행사하는 왕들로서 집합적 중요성, 심지어 우주적 중요성을 지니는 드라마를 펼친다.

우리의 변화하는 행성 지구에서 작인과 관련한 가장 중요한 두 가지 문제는 바로 누구의 책임이며 누가 가장 큰 피해를 입는가 하는 것이다. 최근에 산업화를 이룬 국가들보다 먼저 산업화한 국가들이 이산화탄소를 배출한 시간이 길었던 만큼 이들에게 특별한 책임을 물어야 한다는 데 점점 더 많은 공감대가 형성되고 있다(정당한 합의라고 생각한다). 최소한 40년 전쯤 과학계가 인간으로 인한 기후변화에 합의하기 시작할 때까지는 초기 산업 국가들이 미처 깨닫지 못한 채 이산화탄소를 배출했기 때문에 이는 소급된 정의라고 이의를 제기할 사람도 있을 것이다. 그렇다면 40년 전부터 집계를 시작하는 것이 더 낫다는 뜻일까? 내 생각은 좀 다르다. 19세기와 20세기 초 부를 축적한 산업 강국들은 의도치 않았던 행동들을, 그리고 최근의 의식적인 행동들을 완화하고 책임질 위치에 있기 때문이다.

모든 국가에 책임을 지우는 이런 물음은 간혹 지나치게

원론적이다. 현재의 이산화탄소 배출은 물론이고 초기 배출에서 얻은 이익이 고르지 않기 때문이다. 대상을 더 분명히 한 접근법이라면 석유회사들, 특히 땅속에 그대로 두어야 한다는 것을 알면서도 새로운 유전을 탐사하는 석유회사들에 초점을 맞출 수도 있다. 물론 이런 기업들에게는 기후과학에 대한 의구심을 드러내며 의도적으로 혼란을 키운 책임이 있다.[5]

스토리텔링을 즐기는 인간의 성향 때문에, 우리는 행위자들을 개별화하고 개인이나 인물 들에 작인을 집중시키는 경향이 있다. 기후변화에 관한 우리의 담론에 등장하는 인물 중에는 문명의 이기를 떠나 (비록 소규모지만 농업에 기대어) 자급자족의 미덕을 실천하며 살아가는 히피, 기후변화에 대한 인간의 책임을 은폐하려는 석유업계 로비스트, 비행은 자주 하면서 프리우스[친환경 자동차]를 운전하는 재활용 실천자, 일반 대중에게 외면당하는 기후과학자, 상품의 환경비용은 아랑곳하지 않는 후기자본주의 소비자 등이 있다. 이들은 각자의 위치에서 악덕이나 미덕의 본보기가 될 인물들이다.

이런 영웅과 악당 들에 더해 이들 못지않게 중요한 제3자가 존재한다. 바로 희생자들이다. 희생자들에 초점을 맞추

---

[5] Naomi Oreskes, *Merchants of Doubt: How a Handful of Scientists Obscured the Truth on Issues from Tobacco Smoke to Global Warming*, New York: Bloomsbury Press, 2010.

는 경향은 때때로 **기후 정의**로 불리기도 하는데, 기후변화에 취약한 사람들, 저지대 섬나라 주민들에서 강대국 안에 존재하는 취약 집단들까지, 최소의 자원으로 기후변화에 따른 결과들을 감수해야 하는 사람들에 집중한다.

여기서 우리는 문학에 등장하는 희생자들의 오랜 역사를, 약자와 취약한 사람들에 관한 이야기를 되짚어볼 수 있다. 그 역사는 희생자의 이야기가 엄청난 힘을 갖는다는 부인할 수 없는 사실을 보여준다. 복음서에 그려진 그리스도의 수난도 그런 역사에 포함될 수 있는데 어쩌면 세계문학에서 가장 영향력 있는 희생자 이야기의 하나일 것이다. 순자타의 이야기도 그렇다. 순자타는 신체적 장애를 안고 태어났지만 자라면서 이를 극복하고 자국의 통치자가 된 인물이다. 근대의 이야기들은 돈키호테를 시작으로 새로운 유형의 버림받은 사람들을 등장시키고 그들을 영웅답지 않은 영웅(반영웅)으로 만들었다.

영웅, 악당, 희생자까지 환경 관련 창작물의 모든 등장인물과 마찬가지로 이런 인물들에 대한 신뢰 역시 본질적으로 좋다거나 나쁘다고 할 수는 없다. 그들은 시대마다 다른 목적에 기여한다. 이런 인물들이 환경 담론에서 갖는 힘에 주목함으로써 그들에 대해 보장된 비판적 검토를 열어두자는 것이 나의 논지다. (예컨대 기후 재난에 직면해 피해를 당한 지역사회가 엄청난 회복력을 보이는 경우에도, 희생자 이야기는 희생자들에게서 모든 작인을 배제해버리는 경향이 있다. 반대로 악당들에 초점을 맞춘 이야기들은 모든 작인을 악당들에게 던져놓고 그들이 외부의 압력이나 시스템에 어떻게 대응하는지는 외면한다.)

기후 담론에서 중요하고 잠재적으로 유용한 또 다른 인물형은 정착민이다. 마흐무드 맘다니가 정착민 식민주의라고 기술한 것에 의해 건설된 사회들에서 특히 그렇다.[6] 이런 정착민의 모습은 『길가메시 서사시』와 함께 시작되고 세계 문학 전반에서 칭송받는 일련의 정착 운동들과 연결시킬 수 있을 것이다. 정착 운동은 세계 각지에서 저마다 다른 방식으로 일어났지만 점점 더 많은 인류를 그 소용돌이 속으로 끌어들였다. 가장 넓은 의미에서 정착민은, 거의 모든 인류의 조상이 집단적 선택을 통해 진화한 동물 종이다. 집약농업의 모든 관행이 같지 않듯이 정착민 역시 모두 같지는 않다. 그러나 어쨌든 오늘날의 세계에는 이러한 체제 밖에서 사는 사람이 거의 없다는 점에 주목할 필요가 있다. 이는 거의 모든 인류가 농경 생활에 편입된 엔키두의 후예라는 의미다.

---

6   내가 정착민 식민주의를 이해하는 데에는 마흐무드 맘다니의 다음 글들이 결정적 역할을 했다. Mahmood Mamdani, "Settler Colonialism: Then and Now," *Critical Inquiry* 41, no. 3, 2015, pp. 596~614. 더 최근 연구로는 다음이 있다. Mahmood Mamdani, *Neither Settler nor Native: The Making and Unmaking of Permanent Minorities*, Cambridge: Belknap, 2020.

정착민이라는 인물형에 초점을 맞추다 보면 그 범주에 들지 않는 사람들에 대한 궁금증이 생긴다. 바로 유목민이다. 농업, 정착, 도시가 도입된 이래로 정착민과 유목민 사이에는 전쟁이 이어져왔다. 단계적으로 더 넓은 범위의 사람들이 자발적이든 자발적이지 않든 정착 생활에 편입되었지만, 이 과정은 결코 끝나지 않았다. 정착 사회 밖에서 살아가는 소수의 유목 민족들이 여전히 존재한다.[7] 어쩌면 "외부"라는 표현이 옳지 않을지도 모른다. 정착민의 원칙이 세계 대부분 지역을 잠식했기 때문이다. 오늘날 유목 생활은 정착 세계 안에서, 그 틈새에서 이루어진다.[8]

정착민도 아니고 유목민도 아니지만 이들과 연결되어 있는 사람들은 난민이다. 난민은 정착지에서 쫓겨나 다른 곳에서 피난처를 찾는 사람들로 정의된다. 오늘날 북아프리카부터 라틴아메리카까지 정치 난민이 수없이 많은데 이들은 사실상 직간접적으로 기후 난민이고 앞으로 수십 년 동안 그런 난민의 수가 가파르게 증가할 것으로 예상된다. 기후 난민

---

[7] 내가 애호하는 설명 중에는 평생토록 다양한 형태의 유목 생활에 매료되었던 브루스 채트윈의 작품이 있다. Bruce Chatwin, *The Songlines*, New York: Viking, 1987.

[8] 내가 짧게나마 본업에서 벗어나 지난 수백 년간의 유목 생활이라는 주제에 손을 대어 고찰한 작은 결과물이 책으로 완성되어 나왔다. Martin Puchner, *The Language of Thieves: My Family's Obsession with a Secret Code the Nazis Tried to Eliminate*, New York: Norton, 2020.

들이 유입됨에 따라 뚜렷해질 결과들로 인해 정착 사회들도 변형될—불안정해질—것이다.

영웅, 악당, 희생자부터 정착민, 유목민, 난민에 이르는 이런 인물형들이 기후변화에 관한 담론을 형성했다. 기존의 스토리텔링에 의문을 품고 새로운 이야기가 출현할 여지를 남기려면, 이런 인물형들의 특정한 배열이 당면 과제에 부합하는지 물어야 한다. 새로운 인물형들을 추가해야 하는가? 기존 인물형들을 다르게 배치해야 하는가? 나로서는 대답할 수 없지만 그래도 제기하고 싶은 질문들이다.

개인화를 추구하는 인간의 성향에 더해 또 다른 측면이 있다. 바로 집단성이다. 한 가지는 확실하다. 기후변화는 개별적인 차원에서 만들어지는 것이 아니라 집단적 차원에서 만들어진다는 점이다. 살아 숨 쉬고 있는 한, 인간으로 인한 기후변화에 일말의 책임도 없는 인간은 있을 수 없다. 결국 기후변화는 하나의 종으로서, 집단적 행위자로서 인간의 문제다. 개인과 기관들이 죄책감, 고통, 능력, 의향, 필요에 따라 제 역할을 하는 것도 중요하겠지만, 기후변화는 집단적으로 만들어지는 것이기에 그 해결 역시 집단적으로 이루어져야 한다. 이는 우리에게 집단적 행위자들의 이야기가 필요하다는 뜻이다.

여기서 도움이 될 만한 비교적 최근 모델을 하나 생각해볼 수 있다. 내가 마침 다른 맥락에서 이미 간단히 논의한 바 있는 세계문학 작품인데, 새로운 집단적 행위자를 도입한 『공산당 선언』이다. 이 텍스트가 다른 경쟁 작품들과 구별되는 한 가지 특징은 계급투쟁의 렌즈를 거쳐 인간 사회의 거대한 이야기, 거대한 역사를 들려준다는 점이다. 『공산당 선언』은 이 거대한 역사를 바탕으로 그 정점으로서의 혁명적 미래를 예언한다. 『공산당 선언』은 이런 역사 뒤편에 놓인 역사적 동인들이 함께 작용해 새로운 종류의 집단적 행위자를 만들어낸다고 설명한다.

이전에 마르크스와 엥겔스가 마주했던 담론은 두 종류의 인물형에 집중되었다. 항상 시가를 입에 물고 있는 탐욕스러운 자본가(주로 남성)와 희생양이 된 산업 노동자가 그들이다. 마르크스와 엥겔스는 이 두 인물형의 진실만이 아니라 그들의 한계도 인정했다. (구조적 인종주의가 인종주의 담론의 위치를 개인적 태도에서 사회구조와 제도로 옮겨놓았듯이) 그들은 먼저 자본가를 탈개인화했고 그 악당을 하나의 구조로 전환했다. 그리고 마르크스와 엥겔스는 후자의 착취당하는 희생자 대중을 새롭고 능동적인 행위자, 곧 프롤레타리아로 바꾸어놓았다.

프롤레타리아는 단순히 산업화에 착취당하는 등 같은 처지에 놓인 일단의 희생자들이 아니다. 오히려 우리가 세계화라고 부르고 그 결과 새로운 행위자를 탄생시킨 역사적 과정—『공산당 선언』에서 그런 이행 과정은 *세계문학을 소환하*

며 마무리된다—의 결과물이다. 바꾸어 말하면, 역사적 과정의 산물인 이 새로운 행위자를 정제하고 선명하게 구별해내고 가시화하는 것이 바로『공산당 선언』의 과제다.『공산당 선언』은 프롤레타리아의 선언문을 만들면서 새로운 행위자의 탄생 이야기를 들려주고 이를 통해 이 새로운 행위자를 존재하게 한다(새로운 행위자로서 가시화한다는 의미에서 그렇게 말할 수 있다).

흥미롭게도 마르크스와 엥겔스는 자신들의 새로운 행위자를 어떻게 세상에 내놓을지 고민하는 과정에서『공산당 선언』자체를 세계문학에 속한 것으로 보기 시작했다. "다양한 국적의 공산주의자들이 런던에 모여 영어, 프랑스어, 독일어, 이탈리아어, 플랑드르어와 덴마크어로 발표될 선언문의 초안을 작성했다."『공산당 선언』의 원어—독일어—는 여러 언어 중 하나로 취급된다. 저자들은 자신들의 텍스트를 동시에 여러 언어로 발표하는 구상, 아니 공상을 했다.

처음에는 그야말로 공상에 불과했다. 1848년 런던에서『공산당 선언』이 발표되었을 때는 반응이 거의 없었고 1848년 혁명의 열기가 반동의 시기로 이어진 20여 년 동안 번역은 거의 진행되지 않았다.

판본과 번역본의 숫자만 보면 실망스러운 결과였지만 검열 때문에 많은 번역본과 판본이 망명지에서 제작되었다는 사실에서 이미 세계문학으로서『공산당 선언』의 위상을

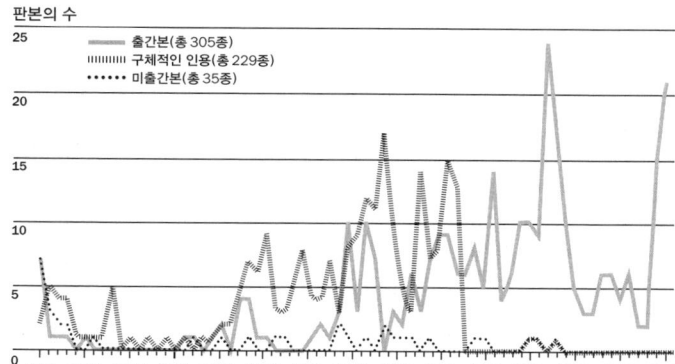

[도판 5] 1848년에서 1918년 사이 『공산당 선언』의 미출간본과
구체적인 인용, 그리고 출간본들.

가능할 수 있었다.[9] 파리 코뮌과 러시아 혁명을 계기로 『공산당 선언』은 전 지구적으로 중요한 텍스트가 되어 마침내 세계사에 새로운 행위자를 등장시키려던 목표를 이루었다.

우리가 이 역사에서 환경 변화에 관해 배울 것이 있을까? 첫번째 교훈은 새로운 집단적 행위자를 구상하기가 몹시 어렵다는 사실이다. 이런 목표를 이루기 위해 마르크스와 엥겔스는 역사에 대한 새로운 접근 방식을 고안해야 했을 뿐만

9   이 그래프는 나의 다음 책을 준비하며 수행했던 연구 조사를
    바탕으로 작성했다. Martin Puchner, *Poetry of the Revolution: Marx,
    Manifestos, and the Avant-Gardes*, Princeton: Princeton University
    Press, 2006.

	독일어	영어	러시아어	스웨덴어
1848	런던(4)			스톡홀름
1849	카셀			
1850	런던-함부르크	런던		
1851	뉴욕			
1853	베를린			
1864	런던			
1866	런던-베를린			
1868	빈			
1869		런던	제네바	

[도판 6] 1848년에서 1869년 사이 『공산당 선언』의 출판지와 출판 언어.

	독일어	영어	러시아어	스웨덴어	프랑스어	스페인어	체코어	홀란드어	덴마크어	이탈리아어	불가리아어	세르보-크로아티아어 (세르비아)	내덜란드어	이디시어	루마니아어
1871	시카고	뉴욕													
1872	라이프치히(2)					마드리드									
1873	베를린					리스본									
1874	빈 시카고 라이프치히														
1879					후가노										
1880	런던				파리										
1881	런던														
1882			모스크바 제네바				뉴욕								
1883	시카고 취리히	뉴욕(2)	상트페테르부르크(3) 크라쿠프 모스크바					제네바							
1884	취리히														
1885			상트페테르부르크 모스크바 상트페테르부르크 카잔		파리 랭스 몽펠리에 루베 루앙					코펜하겐					
1886				스톡홀름	파리	마드리드(2)				코펜하겐					
1888		런던(2)				멕시코									
1889		런던(2)								크리스티아니아 (오슬로)					
1890		뉴욕	뉴욕(2)	모스크바		파리				코펜하겐	크레모나				
1891	베를린										밀라노	루세			런던
1892	베른				파리				런던		롤라노			슬라브어 즈헤니브	야시(2)

[도판 7] 1871년부터 1892년 사이 『공산당 선언』의 출판지와 출판 언어.

아니라 이를 전달하기 위한 완전히 새로운 장르, 바로 선언문이라는 장르를 착안해야 했다. 이제 환경적 사고와 환경적 읽기와 환경적 삶을 위한 새로운 선언을 해야 할 때일까?

나는 최근 월스트리트 점령에서 '흑인의 생명은 소중하다'(BLM) 운동에 이르기까지 최근 사회운동이 선언문이라는 장르를 얼마나 꺼려하는지를 보고 큰 충격을 받았다. 아마도 이 텍스트에 담긴 구체적인 이야기에 대한 불신과 그에 따라 두 저자가 가시화한 산업 프롤레타리아라는 행위자에 대한 불신이 한 가지 이유일 것이다. 그러나 선언문에 대한 회의론이 이처럼 널리 확산한 데는 더 심층적인 원인이 있고, 그것은 바로 『공산당 선언』의 일인칭 복수형과 관련이 있다고 생각한다. 특히 특정한 경험을 일반화하고 타인을 대변하는 데 따르는 위험에 민감한 사람에게 『공산당 선언』의 "우리"라는 표현은 주제넘은 것으로 들릴 수 있다. 오늘날에는 모든 사람이 자신 또는 좁은 범위로 한정된 집단만 대변하는 것이 기본이다.

여기서 두 저자가 정확히 어떻게 "우리"라는 표현을 사용하게 되었는지 살펴보면 도움이 될 듯하다. 『공산당 선언』에서 마르크스와 엥겔스는 자신들을 대변하지 않는다. 곧 "우리"는 "마르크스와 엥겔스"를 의미하지 않는다. 그보다는 그들에게 선언문 작성을 위임한 공산주의자 동맹이라는 기구를 대변한다. 사실 마르크스와 엥겔스는 『공산당 선언』 초판에 저자로 표기되지도 않았다. 그들은 그런 내색조차 하지 않았으며 자신들을 언급도 하지 않았다. 그들은 그저 공산주의자 동맹이 그 원칙과 목적을 명확히 할 수 있도록 동맹을 위한 텍스트를 작성했을 뿐이다.

공산주의자 동맹은 힘 있는 기구가 아니었다. 오히려 런던에 거주하며 독일어를 사용하는 장인들로 구성된 힘없고 작은 단체였다. 선언문에서 원대한 역사적 전망을 지닌 "우리"를 상정하고 새로운 역사적 행위자를 등장시켰다는 점에서, 공산주의자 동맹은 대담했다. 공산주의자 동맹은 보잘것없고 힘없는 자들의 입장에 서서 말하면서 집단의 힘이 실린 목소리를 상정했다.

기후변화에 관한 지식에 기여하려는 문학 연구자들이 이런 뱃심 좋은 대담함에서 배울 것이 있을까? 물론 있다고 생각한다. "우리"라고 말한다고 해서 반드시 "내가 당신을 대변한다"는 뜻은 아니다. 보잘것없고 힘없는 사람들의 모임이 구성원 두 사람(그보다 많을 수도 있고 적을 수도 있다)에게 새로운 역사적 행위자를 명징화하는 임무를 맡겼다는 뜻일 수도 있다. 얼마든지 가능한 일이다. 적어도 예전에는 실제로 있었던 일이다.

기후변화 해결에 앞장설 집단적 행위자를 어떻게 규정할 수 있을까? 그러기 위해서는 그런 행위자의 이야기를 어떻게 들려줄지, 어떤 역사적 동인들의 집합체가 그런 행위자를 만들어낼지 알아내야 한다. 마지막으로 그런 행위자를 가시화하는 데 무엇이 최선이며 어떤 종류의 선언문이나 장르가 그런 행위자를 우리 이해의 최전선으로 이끌어줄지를 판단해야 한다.[10]

최근에 발생한 한 가지 특별한 환경 재앙은 전 세계 인류가 하나의 종임을 일깨웠다. 바로 코로나19다. 다른 바이러스와 마찬가지로 이 질병을 일으키는 바이러스는 정착 농업의 생활 방식에 따른 결과다. 인간과 동물이 인접해 생활하면서 바이러스가 동물에서 인간으로 전염될 수 있는 조건이 형성되었던 것이다. 바이러스가 가장 효과적인 자기복제 도구로 개체 수가 충분한 인간을 찾아내자, 인류는 하나의 종으로서 치명적인 바이러스의 표적이 되었다. 향후 몇 년간 우리의 신체가 변화하게 될 것이므로 코로나19는 인간을 종의 차원에서 변화시키고 있는 셈이다.

이런 식의 종적 사고는 르네상스 인문주의자들이나 18세기 보편주의 철학자들이 유포한 추상적인 (인정되는 바는

10　그런 집단적 행위자는 하나의 보편적인 인물형이 아니라 특화된 집단성의 일종으로 이해되어야 한다. 이런 집단성은 하나의 집단적 운명을 인정하는 한편, 책임, 위해, 비난의 집중 표적이 될 수 있다. 예컨대 농업 중심의 생활 방식에 의존한다는 의미에서 오늘날 거의 모든 인간을 정착민이라고 할 수 있다면, 혹은 어쨌든 정착한 사람들이라고 할 수 있다면, 새로운 행위자들은 불안정한 정착민, 곧 정착에서 비롯된 문제들에 직면한 정착민으로 볼 수 있다.

아니지만, 문화적으로 특유한) 인간 개념과 전혀 다르다. 특화된 집단이라는 의미의 "종"의 관점을 인정한다고 해서 국민들과 그 내부 집단들이 이런 바이러스의 영향을 받는 방식의 폭넓은 차이를 보지 못하는 것은 아니다. 모르긴 몰라도 이 바이러스는 그런 차이를 훨씬 더 극명하게 드러냈다.

내가 이 글을 쓰고 있는 2020년 4월은 기껏해야 1차 유행의 정점으로 보이는데, 이미 두 가지는 확실하다. 이 바이러스에서 비롯된 압박과 고통 탓에 여러 국가가 서로를 비난하거나 경쟁하면서 내셔널리즘이 고조되고 있다. 동시에 바이러스는 국경에 관계없이 하나의 종으로서 우리의 실존을 생각하게 한다. 바이러스가 환경운동에 어떤 영향을 끼칠지는 아직 확실치 않다. 하지만 바이러스 덕분에 우리의 분화된 집단성을 깨닫게 되었고, 그것은 기후변화의 다른 측면들을 설명하는 데 결정적 역할을 할 것이다. 그런 집단성을 자각함으로써 종적 사고 속에서 여러 특정 집단들과, 또는 다른 종들과 서로 대립하지 않은 채로 서로를 인정할 수 있게 되기를 바란다.[11]

환경의 관점에서 기후 서사에 등장해야 할 종은 인간만이 아니다. 아닌 게 아니라, 최근 환경 문학이 인간 외의 다른

---

11 인간 종의 역사를 지지하는 설득력 있는 주장으로는 다음을 참고. Dipesh Chakrabarty, "The Climate of History: Four Theses," *Critical Inquiry* 35, no. 2, Winter 2009, pp. 197~222, pp. 212 이하.

종들에 초점을 맞추고 그들과 우리가 맺는 관계에 초점을 맞춘다는 점은 놀라움을 선사한다. 리처드 파워스Richard Powers의 주목할 만한 최근작 『오버스토리Overstory』에는 나비와 버섯 종들에 관한 훌륭한 서사적 실험들이 담겨 있다.[12] 이 작품들은 그들이 탐구하는 종들을 고립시키지 않고 인간을 포함한 생태계의 행위자들로 만든다. (종에 대한 내 생각은 도나 해러웨이의 또 다른 선언문, 『반려종 선언』에서도 영향을 받았다.)[13]

그러나 문학 연구자들이 과학자들이나 환경 활동가들과 더불어 집단적 작인에 관한 설명을 만들어낸다 한들 과연 그런 새로운 서사를 쓸 사람이 있을까? 19세기보다 더 많은 집단적 참여 과정, 더 나아가 명징화의 집단행동이 필요할 것이다. 마르크스와 엥겔스의 사례에서처럼 그저 위임하는 것으

12 예를 들어 다음 책도 참고. Anna Lowenhaupt Tsing, *The Mushroom at the End of the World: On the Possibility of Life in Capitalist Ruins*, Princeton: Princeton University Press, 2017.

13 종에 관한 내 생각은 다음 책에서 영향을 받았다. Donna J. Haraway, *The Companion Species Manifesto: Dogs, People, and Significant Otherness*, Chicago: Prickly Paradigm Press, 2003. 또한 Mads Rosendahl Thomsen and Jacob Wamberg, "The Posthuman in the Anthropocene: A Look through the Aesthetic Field," *European Review* 25, no. 1, 2017, pp. 150~65 참고. 포스트휴머니즘에 관한 탁월한 조사에 관해서는 다음을 참고. Mads Rosendahl Thomsen and Jacob Wamberg, *The Bloomsbury Handbook of Posthumanism*, London: Bloomsbury, 2020.

로는 충분치 않을 것이다.

세계문학 중에 집합적 스토리텔링 과정의 지침으로 삼을 만한 것이 있다. 『판차탄트라』나 『천일야화』 같은 중세 이야기 모음집이 그런 경우다. 문학에 관한 많은 생각에 사로잡힌 또 다른 인물, 즉 개별 작가에게서 벗어날 수 있다는 점이 이야기 모음집의 매력이다. 마지막으로 거시적인 글쓰기 역사로 돌아가 보면, 문학사 전반에서 대부분의 문학 작품은 전문 작가가 아닌 사람들에 의해 창작되었다. 필경사, 편집자, 수집가 들이 현대 작가들 사이에 널리 통용되는 원칙과는 전혀 다른 원칙에 따라서 텍스트를 계승하고 새로운 텍스트를 생산했다. 무엇보다도 문학사를 통틀어 독창성은 그리 중요한 가치가 아니었다. 미세한 변화를 주거나 연속성의 외피 아래 현재의 필요에 맞게 과거를 조율하면서 전통을 이어가고 과거의 문화적 산물들을 모방하는 일이 훨씬 더 중요했다. 때때로 필기의 오류를 통해, 혹은 고의적이거나 우발적인 오독 행위를 통해 예기치 않게 그런 변화가 나타나기도 했다.

문학 작품들에서 부각되는 그런 집단적 가치들은 근대 작가들이 등장하면서 서서히 주변으로 밀려났다. 그들은 새롭고 독창적인 이야기들을 지어냈고, 그 이야기들의 소유권을 주장하며 시장에 판매했다. 인쇄기 출현 전에도 이런 유형의 작가들은 존재했지만, 유럽 북부에서 인쇄기가 기계화되고 문학이 산업적으로 대량 생산되면서 이들이 지배적인 위치를 차지하게 되었다.

개별 작가들이 무대의 중심을 차지했던 시대를 지나 우리는 다시 수집하고 정리하고 편집하는 일이 새롭게 중요해진 시대를 살고 있다. 큐레이팅은 박물관의 고위직들만이 아니라 많은 사람이 할 수 있는 일이 되었다. 동시에 이제는 그 의미가 확장되어 선별과 선택, 편찬과 수집, 재생 목록과 사진 앨범을 제작하는 일에도 큐레이팅이라는 말을 사용할 수 있다. 이런 큐레이팅 열풍이 더 나은 미래를 이끌 이야기들을 수집하는 작업으로 이어질 수 있을까?

스토리텔링 웹사이트를 비롯해서 흥미로운 현대판 이야기 수집자들이 존재하는데, 그들을 통해 좀더 집단적인 스토리텔링 양식들에 대한 단서를 얻을 수 있을 것이다. 두말할 필요도 없이, 이런 활동은 세계 전역에서 이루어져야 한다. 그런데 누가 그런 웹사이트나 축제를 주관할 것인가? 그런 이야기 모음을 어떤 틀에 넣을 수 있을까? 옛 방식의 액자식 서사 구조? 이런 질문을 제기하는 것이 중요하다고 생각하지만 나 역시 답을 찾지 못했고, 누군가 다른 사람들이 대신 해답을 찾아주면 좋겠다.

새로운 세계문학의 시대로 진입하면서 미래 이야기들의 불확실성이 한층 커졌다. 세계문학 정전을 지금처럼 손쉽게 구할 수 있었던 적이 없었다. 동시에 문학의 물질적 조건이 빠르게 변화하고 있는데, 재생산과 배급을 위한 새로운 미디어들 덕분이다. 이런 변화들은 우리가 읽은 이야기와 아직 집필되지 않은 이야기들을 어떻게 바꾸어놓을까?

새로운 풍요의 시대에 전에 없이 많은 이야기들이 관심을 받기 위해 경쟁하고 있다. 문학사의 거의 전 기간에 걸쳐 문학 작품들은 살아남기 위해 고군분투해야만 했다. 세대를 넘어 텍스트를 보존하고 옮겨 적기 위해서는 상당한 자원을 소비해야 했기 때문이다. 또 다른 한편으로는 (『길가메시 서사시』를 소장하고 있던 니네베 도서관이 그랬던 것처럼) 도서관 화재 또는 고의적이거나 우발적인 사고로 파괴되어 소실되기도 했다. 전승이 몇 세대 끊긴다는 것은 완전한 멸실을 의미할 수 있다. (『길가메시 서사시』의 경우처럼) 상당 기간 전승이 끊겨서 사라졌던 텍스트가 다시 복원되는 일은 매우 드물다.

텍스트는 그 물질적 실재를 통해서 살아남기도 하지만 중요하기 때문에 살아남은 것이다. 텍스트가 값지고 중요한 것으로 여겨졌기 때문에 필경사와 주석자 들의 값비싼 교육이 정당화되었고 이들은 다시 자원을 통제하는 사람들에게 텍스트들의 중요성을 호소했다. 소장 비용이 감소하고 문학의 생산과 재생산 비용이 저렴해지면서 이런 경제적 압력도 줄었다. 처음에 이런 비용 감소는 중국에서 종이와 인쇄술이 발명되면서 시작되었고 문자해득률의 상승과 문학의 수요 증가로 이어졌다. 그리고 문학의 생산은 다시 문자해득률의

추가 상승으로 이어지는 선순환 구조를 만들어냈다.[14]

우리는 오늘날 문학의 기본 기술에서 또 다른 변화를 경험하고 있다. 인류 역사상 처음으로 저장 비용이 0에 가깝게 감소하고 있다. (물론 환경 비용이 줄지는 않았다. 오늘날에도 문학은 여전히 자원 추출의 생활 방식에 의존한다). 이는 변화하는 문학 정전의 보존이 이제 우연에 좌우되지 않을 것임을 의미한다. 그러나 전자 저장 장치에 의존하는 것도 위험 부담이 만만치 않다. 전자적 형식과 장치의 노후화 문제는 제대로 평가되지 않았으며 웹사이트의 지속적 관리와 업데이트가 필요하다.

이런 경고에도 불구하고 우리가 풍요의 시대를 살고 있음은 분명하다. 저장과 유포 비용이 저렴해진 덕분에 과거와 현재의 많은 문화적 대상에 접근할 수 있는 시대에 살고 있는 것이다. 이 시대에는 교육의 형태뿐만 아니라 필터와 검색 기술의 형태로 다양한 선택의 압력이 가해진다. 교육은 의미 있는 것을 알리는 일이며 오늘날에는 환경 변화보다 더 중요한 것은 없다. 기후변화와 관련하여 세계문학을 가르치는 일은 다음 세대에게 새롭게 중요해진 문학의 정전을 가르치는 길

14　『노턴 선집』은 이런 역사에서 하나의 작은 에피소드일 뿐이다. 노턴 출판사는 두 표지 사이에 문학의 내용을 최대한 압축해 넣을 수 있을 만큼 얇지만 학생들이 여백에 필기를 하기에는 충분한 두께의 종이를 개발해 대학 교재 시장을 장악하고 있다.

이다. 활용되지 않는 것은 사라질 것이다. 세월이 흘러 파괴될 수도 있고 인터넷에 방치된 채 한 세대도 지나지 않아 접속 불가 상태가 될 수도 있다.

우리는 현재의 환경 위기를 이해하는 데 문학의 도움을 받을 수 있다. 반대로 문학의 이해에 환경 위기를 활용할 수도 있다. 기후 위기가 문학의 중요성을 부각시키기 때문이다. 변화하는 지구 행성에 문학이 중요해진 것은 운명적으로 인문학의 쇠퇴와 동시에 시작된 일이다. 검증된 방법들이 통하지 않는 듯하자 터무니없는 공포가 확산한다. 무엇이 잘못되었고 누구에게 책임이 있는지에 관해 저마다의 이론을 제시한다. 더 이상은 지금까지 해온 대로 할 수 없다는 것 말고 우리가 해야 할 일이 무엇인지는 나도 잘 모르겠다. 그런 접근을 시도해보았지만, 소용없었다. 어떻든 일반 대중은 물론이고 학생과 학부모, 기후과학자, 그 외 다른 분야의 학자들, 대학 행정 당국자들, 비정부기구에서 일하는 활동가들과 정책연구자들을 설득하기 위한 새로운 방법을 모색해야 한다. 기후 위기는 우리가 함께 행동할 기회다. 인문학은 지구를 구하는 데 힘을 보탬으로써 스스로를 구할 수 있을 것이다.

그러나 관계자들에게야 인문학의 운명이 대단하게 다가오겠지만, 인류가 처한 운명에 비하면 대수롭지 않은 일이다. 자원 추출에 기대어 사는 이 이야기꾼의 운명은 어떻게 될까? 우리는 냉혹한 교훈과 뼈아픈 결론이 담긴 이야기에 기꺼이 귀 기울일까? 전에는 그랬다. 인간이 문학을 생산하는 이유는 어려운 선택을 피하지 않고 집단적인 행동에 참여하기 위해서이지, 그저 자기만족이나 얻으려는 것이 아니다. 결국 언어를 통해 우리 마음을 다스리는 능력이야말로 문화적 발전을 가속시킨 출발점이었으며, 그런 발전이 우리와 지구상의 다른 생명체들을 구별지었다. 이제 바로 그 의사소통 도구가 우리의 집단적 스토리텔링 활동에 보탬이 되어야 한다. 이제 전 세계의 이야기꾼들이 단결해야 할 때가 아닐까?[15]

15 인류세의 스토리텔링과 관련된 시급한 문제는 과학과의 관계다. 많은 작가와 비평가 들은 기후과학의 결과들을 더 많은 대중에게 "그저" 전달만 하면 된다는 생각에 분개한다. 충분히 이해할 수 있는 일이다. 누군들 그런 종속적 위치에 놓이기를 바라겠는가? 그러나 그렇게 생각한다면 잘못일지도 모른다. 과거 내 학생 하나가 주도했던 협업에서 나는 과학 보고서들을 번역하는 행동이 대단히 창의적이고 중요한 일이 될 수 있음을 깨달았다. 글로리아 베네딕트Gloria Benedikt는 과학 논문을 춤과 녹화된 비디오와 대화형 게임을 혼합한 공연으로 바꾸는 방법을 개발했다. 글로리아는 항상 과학자들을 참여시키는데, 사실 그 자신이 한 과학 연구소에서 상주 예술가이자 예술 연구원으로 일하고 있다. 글로리아는 최근 뉴욕에서 열린 유엔 정상회의의 일환으로 공연을 진행하기도 했다.
　과학 논문을 이야기와 공연으로 바꾸는 일은 작가와 과학자 들이 협업할 수 있고 협업해야 하는 여러 방법 중 하나일 뿐이다. 스토리텔링이 과학을 번역하는 데 국한될 필요는 없겠지만 환경 변화에 관해 할 수 있는 최상의 연구와 모순되지 않아야 한다는 점에서 과학적 정보에 기초해야 한다. 이런 확신이 바로 베네딕트가 발의한 미래를 위한 이야기들이라는 프로젝트의 골자다(나도 이에 참여하고 있다). 과학에 기반한 이야기를 요구한다고 해서 과학만이 지식의 유일한 원천이라는 의미는 아니다. 오히려 이런 발의는 세계문학에서 취한 모든 종류의 이야기 전통들을 이 프로젝트에 적용하는 것을 염두에 두고 있으며, 새로운 과학적 발전에도 열려 있다. 환경 변화와 문학에 관한 한, 문학과 과학은 지금까지 해온 것보다 더 긴밀히 공조할 필요가 있다.

이어지는 내용은 우리 프로젝트의 선언문이다.

미래를 위한 이야기들

수 세기에 걸쳐 발전을 거듭한 끝에 미래는 다시 불확실해졌다. 매일 아침 새로운 전염병 소식이 전해지고, 하늘에서 죽은 벌들이 쏟아지며, 바다가 질식하고, 사막이 경작지를 집어삼킨다. 때는 알 수 없지만 조만간 닥칠 일이라는 사실은 알고 있다. 그리고 그것이 이야기의 결말이다.

그런데 과연 그런가? 우리는 무슨 이야기를 하고 있는가?

인간은 이야기하는 동물이다. 우리는 세계를 이해하기 위해, 세계 속에서 우리의 위치를 이해하기 위해 이야기한다. 이야기는 우리를 과거와 연결한다. 우리 자신을 초월한 대의명분과 연결하며, 어렴풋한 미래의 윤곽을 제시한다. 이야기는 개인과 집단이 인간사의 범위를 확장하는 행동에 나서게 하고 세계를 개조하는 데 기여한다.

역사를 형성하는 이야기의 힘은 모든 이야기 가운데 가장 위대한 이야기, 곧 지구의 생명 진화 이야기의

한 부분이다. 생명체는 DNA를 통해 정보를 기록하고 처리하는데, DNA는 수백만 년에 걸친 무작위의 유전자 돌연변이에 의지한다. 그러나 언어의 출현으로 호모 사피엔스라는 하나의 종이 정보를 기록하고 처리하는 부가적인 방식, 곧 문화적 전달 방식을 발전시켰다. 문화적 전달은 유전자의 무작위 돌연변이에 기대지 않고, 이야기 속에 암호화된 지식을 한 세대에서 다음 세대로 이전하는 의도적인 전달에 의지한다. 문화적으로 전달된 정보가 대단히 강력했기 때문에 호모 사피엔스는 수십만 년 만에—진화의 차원에서는 찰나의 시간이다—지상을 지배할 수 있었다.

수십만 년 동안 구전된 이야기들이 기억 가능한 형태로 정보를 저장했고, 전문적인 소리꾼들이 이를 전승할 수 있었다. 그러다가 5천 년 전 글이 발명되자 이런 신속한 정보 저장 과정은 더욱 급속해졌다. 속담과 이야기 들이 글로 옮겨져 보존되고 더 멀리까지 전파되었다. 조직화된 종교에서 철학까지 새로운 지식의 영역이 출현했고 점토판을 비롯한 초기 글쓰기 형태로 보존되었다. 외부 저장 장치에 기록된 정보는 전달이 끊겨도 살아남을 수 있었고 미래 세대에게 재발견될 수 있었다.

지난 5천 년 동안 글로 기록된 이야기들은 영토 제국들이 그 문화적 힘을 널리 확장할 수 있게 해주었다. 알렉산드로스 대제는 호메로스에게서 영감을 받아 아시아 정복에 착수했고 드넓은 제국 전역에 호메로스의 서사시들을 전파했다. 히브리 성서처럼 휴대할 수 있는 경전 덕분에 유대인들은 망명지에서도 자신들의 정체성을 유지할 수 있었다. 부처, 공자, 소크라테스, 예수 같은 철학자들과 예언가들의 가르침은 새로운 이념과 삶의 방식을 소개하며 보편적인 철학과 종교의 시대를 열었다.

무라사키 시키부紫式部의 소설 같은 초기 소설들은 개인의 정체성을 이해하는 새로운 방식을 제시했고, 과학은 생명의 기원과 진화를 설명하는 새로운 이야기들을 들려주었다. 인쇄술의 도움을 받은 선언문들은 글을 아는 대중들에게 혁명으로 세상을 바꾸자고 호소했다.

오늘날 우리 세계는 지구 온난화부터 제4차 산업혁명에 이르기까지 전 지구적 차원의 행동이 필요한 새로운 도전에 직면했다. 19세기의 진보에서 세계 혁명에 이르기까지 오래되지 않은 과거에 인간의 행동을 자극했던 집단적 이야기들 일부는 힘을 잃었다. 그 결과 우리는 오래된 이야기들, 종말을 알리는 전염병과 홍수 이야기로 되돌아갔다. 지금이 우리에게는 새로운 이야기들이 가장 절실한 순간이지만 정작 새로운 이야기는 없다. 현재 우리가 진화의 정체 지점을 지나 지속 가능한 미래로 나아갈 추진력을 얻는 데 도움이 될 이야기는 무엇일까? 글로 기록되지 못했거나 주변으로 밀려난 이야기 중 어떤 이야기가 지금 우리에게 도움이 될까? 그런데 우리는 어디서 그런 이야기들을 찾을 수 있을까?

역사의 대부분 기간 동안 이야기를 통해 전해진 우주의 신비 가운데 많은 것이 과학을 통해 밝혀졌다. 그렇다고 해도 과학 논문과 보고서 들이 우리가 미래를 상상하는 데 도움이 되는 유일한 매체는 아니다. 또한 최상의 매체도 아닐 것이다. 우리에게는 새로운 종류의 이야기가 필요하다. 우리에게 있는 강력한 두 가지 도구, 즉 스토리텔링과 지식을 과학에 기초해 결합시켜줄 이야기가 필요하다.

미래를 위한 이야기들 프로젝트는 작가들이 지속 가능성이라는 우리 시대의 도전 과제에 부합할 새로운 이야기들을 창작하는 데 필요한 자원을 제공하고, 그런 이야기들을 수집하고 발표할 공개 플랫폼을 구축하고자 한다.

1. 과학적 통찰을 전달하기 위한 헌신적 노력
예술가의 역할은 전통적인 접근(예를 들어, 톨스토이의 경우 예술가의 역할은 자신의 생각을 청중들에게 설득하는 것이라고 말했다)과 조금 다르다. 과학적 발견에 전념하되 인간이 자연스럽게 이해할 수 있는 언어, 곧 이야기를 채용하는 것이 과제다.

2. 윤리적 딜레마의 탐구
작가의 역할은 과학적 지식과 통찰을 개인적인 이야기들의 바탕으로 삼고 그런 통찰에서 비롯된 윤리적 딜레마를 부각하는 것이다.

3. 복잡성의 포용에 매진
지속 가능성 과학의 여러 새로운 발견들은 비극적이거나 디스토피아적인 SF 소설을 위한 훌륭한 소재가 될 것이다. 아니면 우리 모두가 우리의 집단적 운명을 낙관할 수 있게 할 해피엔딩의 작품들을 창작하도록 유혹할 수도 있다. 그 가운데 어느 쪽도 우리가 지속 가능한 미래로 나아가는 데는 도움이 되지 않을 것이다. 우리가 처한 상황의 복잡성을 포용하는 건설적 접근법이라면 우리의 현 위치에 대한 실질적인 평가, 애도의 필요성에 대한 인정, 우리의 행동을 촉구할 수 있는 미래에 대한 긍정적 전망을 수반할 것이다.

4. 행동의 지향

작품은 청중에게 무엇을 해야 하는지 명시적으로 말하지 않지만 질문을 유도하도록 설계된다. "이제 과학적 통찰이 내 삶과 우리 세계에 줄 수 있는 영향에 대해 알게 되었다. 그렇다면 나는 무엇을 할 수 있을까?"

미래를 위한 이야기들 프로젝트는 예술가들에게 영감을 주어 스토리텔링의 새로운 형식을 취하게 할 수 있는지 알아보는 테스트이자 문학에 대한 새로운 접근법을 배양하는 인큐베이터다. 그 성공 여부는 여전히 미지수다.

감사의 말

이 책은 옥스퍼드 대학교와 프린스턴 대학출판부가 공동 후원한 새 강연 시리즈에서 탄생했다. 먼저 옥스퍼드 인문학 센터(TORCH)의 필립 불록Philip Bullock과 방문을 훌륭하게 조율해준 프린스턴 대학출판부의 벤 테이트Ben Tate에게 감사의 말을 전한다. 줄리 커티스Julie Curtis의 초청으로 2주 동안 울프슨 칼리지의 현대적인 환경에서 지낼 수 있었던 것은 큰 행운이었다. 그곳은 아이제이아 벌린Isaiah Berlin이 설립하고 최근 허마이어니 리Hermione Lee가 이끌고 있는 곳이다. 옥스퍼드에 머무는 동안 나는 오랜 친구들과, 또 새로운 친구들과도 유익한 대화를 나눴다. 마르타 아르날디Marta Arnaldi, 스테파노-마리아 에반겔리스타Stefano-Maria Evangelista, 로라 마커스Laura Marcus, 피터 맥도널드Peter McDonald, 벤 모건Ben Morgan, 안키 무케르지Ankhi Mukherjee, 캐런 오브라이언Karen O'Brian, 리치 로버트슨Ritchie Robertson, 랄프 슈로더Ralph Schroeder, 커스틴 셰퍼드-바Kirsten Shepherd-Barr, 그리고 바트 반 에스Bart van Es가 그들이다. (그리고 비공식 일정으로 케임브리지에 들렀을 때 클레어 포스터Claire Foster, 에페 카야트Efe Khayyat, 로버트 툼Robert Tombs, 그리고 에스더-미리엄

와그너Esther-Miriam Wagner와 나눈 대화도 유익했다.) 내가 기억하는 한 그 2주간은 내 학문적 경험에서 가장 즐거운 시간이었다.

이전에도 이 강의의 일부 내용을 검토하고 구체화할 기회가 있었다. 키에라 바츨라비크Kiera Vaclavik와 갈린 티아노프Galin Thianov의 초청으로 런던의 퀸메리 대학교에 2주간 머물면서 에드워드 휴스Edward Hughes, 앵거스 니컬스Angus Nicholls, 이저벨 파킨슨Isabelle Parkinson과 서로의 생각을 나눌 수 있었는데, 특히 문학 선집 장르에 관해 대화를 나눌 수 있었던 것은 큰 행운이었다. 이 밖에도 옌 하이핑Yan Haiping의 초청으로 칭화대학교에서 2주간 머물고 노아 해링맨Noah Herringman의 초청으로 미주리 컬럼비아 대학교를 방문해 또 다른 교류의 기회를 가졌다.

강연에서도 언급했듯이, 내가 세계문학에 뛰어든 계기는 『노턴 세계문학 선집』을 편찬하면서였기에, 노턴 편집자 피트 사이먼Pete Simon을 비롯해 공동 편집자 수잰 악바리Suzanne Akbari, 빕케 데네케Wiebke Denecke, 바버라 푹스Barbara Fuchs, 캐럴라인 러빈Caroline Levine, 페리클리스 루이스Pericles Lewis, 에밀리 윌슨Emily Wilson, 그리고 여러 해 동안 교류했던 많은 세계문학 교사들과 학생들에게도 감사의 마음을 전하고 싶다.

원고를 검토해준 익명의 독자 세 사람을 포함해 감사를

전해야 할 사람들이 더 있다. 원고를 완성하는 동안 꼼꼼히 살펴봐준 엘런 푸스Ellen Foos, 원고 교정을 도와준 대니얼 사이먼Daniel Simon, 우주론 이해에 도움을 준 리사 랜들Lisa Randall, 언제나 그렇듯이 탁월한 구조적 감각으로 이야기를 다시 생각하게 해주고 내가 하는 모든 일에 사랑과 우정을 주는 어맨다 클레이보Amanda Claybaugh에게 감사를 전한다.

마지막으로 20년 동안 기후변화에 관해 귀중한 대화를 나눈 우르줄라 하이제Ursula Heise와 세계문학에 관해 역시나 많은 대화를 나눴던 데이비드 댐로쉬에게도 감사를 전하며 동료이자 친구인 두 사람에게 이 책을 바치고자 한다.

도판 출처

도판 1. Alexander von Humboldt and A. G. Bonpland, "Geographie der Pflanzen in den Tropen-Ländern," in Alexander von Humboldt, *Ideen zu einer Geographie der Pflanzen*, Tübingen: Leibniz Institut für Länder kunde, 1807, 지도 1. Creative Commons CC0 1.0 Universal Public Domain Dedication. 출처: Wikimedia.

도판 2. 영국 맨체스터 인근의 크롬프턴. 19세기 사진. 출처: Wikimedia.

도판 3. 바이마르의 안나 아말리아 도서관 로코코 홀. Creative Commons CC0 1.0 Universal Public Domain Dedication. 출처: Wikimedia.

도판 4. 커트 보니것의 세 가지 이야기 유형을 보여주는 도표. 제공: Kailey E. Bennett.

도판 5. 1848~1918년, 『공산당 선언』의 미출간본과 구체적인 인용, 그리고 출간본을 보여주는 도표. 출처: Martin Puchner, *Poetry of the Revolution: Marx, Manifestos, and the Avant-Gardes*, Princeton: Princeton University Press, 2006, p. 39.

도판 6. 1848~69년, 『공산당 선언』의 출판지와 출판 언어를 보여주는 도표. 출처: Puchner, *Poetry of the Revolution*, p. 64.

도판 7. 1871~92년, 『공산당 선언』의 출판지와 출판 언어를 보여주는 도표. 출처: Puchner, *Poetry of the Revolution*, p. 65.

옮긴이의 말

읽기의 전환,
생태적 감수성의 확장

오늘날 우리가 직면한 기후 위기는 단순한 환경 파괴나 탄소 배출만의 문제가 아니다. 그것은 인간이 세계를 어떻게 인식해왔는지, 그리고 자신을 어떤 존재로 상상해왔는지를 묻는 인식론적 위기이자, 무엇보다도 서사의 위기이다. 마틴 푸크너는 이러한 문제의식을 바탕으로 이 위기를 초래하고 공모한 책임이 문학에 있다고 지적한다. 문학은 인간을 위한 배경이자 자원 추출의 대상으로 자연을 타자화하고, 인간 중심의 선형적 진보와 위계적 질서를 구축하는 서사를 반복해왔다. 그 과정에서 문학은 인간과 자연의 분리를 정당화하는 상상력의 원천이 되었으며, 생태계 파괴의 심층에 자리한 문화적 기반이 되어왔다.

더욱이 문학은 권력 구조와 긴밀히 얽혀 있다. 푸크너에 따르면 문학은 애초에 국가 권력을 위한 기록 장치로 탄생했으며, 교육·출판·유통 등 제도적 장치와 결합해 자신을 정당화하고 존속시켜왔다. 예컨대 『길가메시 서사시』에서 우루크의 왕 엔메르카르는 무력이나 협상이 아니라, 글을 통해 이웃 나라 아라타의 왕을 굴복시켰다. 이는 글쓰기가 국가 권력의 행사와 정당화에 얼마나 긴밀히 연결되었는지, 어떻게 단순한 기록을 넘어 국가 권력의 토대를 형성하고, 물리적 확장의 도구로 활용되었는지를 보여주는 상징적 예다. 마야 문명의 책, 『포폴 부』의 사례는 다른 차원에서 문학의 보존과 권력의 관계를 잘 보여준다. 이 책은 스페인의 침략 이후 거의 멸절의 위기에 직면했지만, 마야인 서기 몇 사람의 결단 덕분에 라틴어로 옮겨져 서양 책의 형식을 빌리고서야 겨우 살아남을 수 있었다. 이는 문학이 단순한 사유의 형식이 아니라, 항상 기술과 물질, 권력의 배후를 필요로 하고, 그래서 생태적 위기를 초래한 공모자가 될 수밖에 없는 물리적 실재이자 행위임을 잘 보여준다. 기후 위기가 곧 문학의 위기인 이유다. 아울러 기후 위기를 해소하거나 완화하는 일이 기후과학의 노력만으로 불가한 이유이며 이 위기 국면에 문학의 성찰이 꼭 필요한 이유이기도 하다.

이런 복합적인 위기의 진단과 해법을 모색하기 위해 푸크너가 제안하는 접근법이 그리 간단치는 않다. 그는 개별 작품을 분석하고 맥락화하는 것을 넘어 거시적 관점에서 문학이 탄생 순간부터 현재까지 인간과 자연의 관계를 어떤 감수성과 구조 속에서 형성해왔는지 검토할 것을 주장한다. 그리고 그 결과 그는 『길가메시 서사시』에서 숲을 정복하는 문명의 서사를, 『오뒷세이아』에서 낯선 공간을 위계적으로 타자화하는 서사를, 계몽주의 시기의 분류학적 문헌에서 자연을 체계적으로 정리하고 지배하고자 하는 시선을, 산업혁명기 문학에서 기술과 진보의 신화를, 심지어 산업혁명에 관한 비판적 서사에서조차 타자화되는 자연을, 그리고 자연과 문명에 대한 위계적인 서열화를 전복한 기후 소설에서조차 여전히 유지되는 자연과 문명의 이분법을 추적해낸다. 요컨대 거시적 관점에서 문학에 접근함으로써 문학이 어떻게 인간을 문명의 주체로, 자연을 착취와 파괴의 대상으로 삼아왔는지를 드러냈다.

그런데 푸크너는 시간의 차원에만 거시적 접근을 시도한 것은 아니다. 그는 문학의 "공간"에도 거시적으로 접근해야 한다고 주장한다. 그는 세계문학을 단순히 서구에서 유통된 번역 문학의 집합체로 보지 않고, 지구 전체를 범위로 삼아 다양한 지역, 다양한 조건에서 등장한 다양한 텍스트의 생태적 감수성과 구조적 상상력을 함께 조명할 수단이라고 생각한다. 예컨대 『포폴 부』 『순자타 서사시』 『겐지 이야기』, 그리고 인도와 이슬람의 설화집과 우화집의 분석을 통해, 푸크너는 여전히 인간 중심의 위계적인 이분법적 서사 구조가 반복되기는 하지만, 이들 속에는 다른 가능성도 존재, 아니 잠복함을 보여준다. 자연이 그저 배경으로 밀려나지 않고 인간과 비인간적 존재들 사이 복잡하고 중층적인 상호작용의 장으로 제시된다거나 선형적인 이야기 구조에서 벗어나 개별 이야기들이 서로 혹은 이들을 아우르는 전체적인 이야기 틀과 충돌하는 다중적이고 다층적인, 한마디로 카오스적인 서사의 가능성을 엿보인다거나, 글쓰기로 환원될 수 없는 화자와 청자 간의 상호성을 간직한 채 자원 착취라는 문학의 태생적 문제에서 벗어나 있는 구술, 혹은 구전으로 보존된 이야기가 존재한다는 사실을 확인한다.

푸크너는 이런 분석을 토대로 문학이 수행할 수 있는 대안적 서사 방식을 구체적으로 제안한다. 그는 특히 이 책이 기후 위기 시대 독자의 실천을 촉구하는 일종의 "선언문"임을 자처하며 기존 문학에 대한 비판적 분석과 진단을 넘어 기후 위기 시대를 위한 구체적 서사의 방향과 독서의 윤리까지 제안하고자 한다는 점을 강조한다. 푸크너에게 문학은 이제 더 이상 인간의 정체성과 감정을 중심에 두는 재현과 감응의 장이 아니라, 인간과 자연, 사물, 동물, 기후 등 비인간 존재들이 함께 등장하고 교차하는 상호작용의 무대가 되어야 한다. 그리고 이런 문학의 전환은 단지 주제나 인물형의 변환이 아니라, 문학이 세계를 조직하고 의미를 생성하는 방식 자체의 변화를 의미한다. 그는 이와 같은 전환을 통해 문학이 집단적 행위자의 상상력을 회복하고, 문학과 지구의 위기를 동시에 극복할 수 있는 새로운 상상력을 열어 보이며, 지구를 단일한 환경이 아닌 복잡하고 역동적인 공존의 장으로 재개념화할 수 있다고 본다. 궁극적으로 푸크너는 이러한 서사적 전환이 윤리적이고 실천적인 독서와 글쓰기를 가능하게 하며, 그것이야말로 문학이 기후 위기 시대에 수행할 수 있는 가장 본질적인 역할임을 강조한다.

푸크너의 이런 제안에 중요한 자극을 준 것은 괴테와 훔볼트다. 그들의 글은 자연을 체계적으로 분류하고 기술하면서도, 인간이 자연 안에서 위치하는 방식에 물음을 제기하고, 자연과 인간의 공존 가능성을 진지하게 사유한다. 그래서 푸크너는 이들의 작업을 감상적인 자연 예찬으로 치부하지 않는다. 그보다는 인간 중심적 세계관을 흔들고 고유한 작인으로서 자연을 드러내려는 시도로 해석한다. 마르크스와 엥겔스의 『공산당 선언』 역시 푸크너에게는 중요한 사례인데, 그는 이 선언이 생태적 문제를 명시적으로 다루지 않지만, 생산 수단의 공유와 자원 분배의 형평성을 강조하는 가운데 집단적 행위주체의 개념을 발전시켰다고 평가한다. 또한 『공산당 선언』이 세계문학이라는 정치적 실천 개념의 기원 중 하나이며, 국가와 국경을 넘어선 집단적 상상력을 촉발한 문헌이라고 평가한다. 물론 푸크너는 이 선언이 산업화의 진보 이데올로기를 그대로 내면화하고, 자연 자원의 고갈 문제를 반성적으로 성찰하지 않는다는 점은 기후 위기에 대한 문학의 책임을 보여주는 문제로 지적한 바 있다. 그런데 이런 양면적인 평가는 푸크너가 문학이 국경을 넘어선 연대의 서사를 생산하고 자연과 인간의 새로운 관계를 구성할 가능성을 지닌 실천적 장으로서 여전히 유효하다고 믿는 근거이기도 하다.

이처럼 푸크너는 시간과 공간을 가로지르는 문학의 장구한

흐름을 통해 인간이 자연을 어떻게 대면하고 구성해왔는지를 추적하며, 기후 위기와 문학의 위기가 어떻게 맞물리는지 보여준다. 나아가 비인간 존재들과 인간의 상호작용과 윤리적 상상력이라는 문학의 새로운 가능성을 탐색한다. 이 책이 단지 과거의 문학사를 재구성하는 데 그치지 않고, 문학이 앞으로 어떤 세계를 구성할 수 있을지를 묻는 실천적 제안인 이유다.

이 책의 문제의식을 번역이라는 작업을 통해 충분히 전할 수 있었는지 여전히 조심스럽다. 생각의 흐름을 좇노라면 언어의 한계에 부딪히는 순간이 적지 않았다. 그럼에도 원고를 끝까지 살펴주시고, 방향을 함께 고민해주신 편집자의 섬세한 배려에 깊이 감사드린다. 이 책의 번역은 혼자서는 결코 완성할 수 없었던 공동 작업의 결과물이다.

찾아보기

ㄱ

거대 서사 110
『거대한 굴: 하프셸의 역사』 108
거대한 역사 135
거시적 사고 77, 107, 109~11, 113
거시적 시각 104, 108, 110
거시적인 시간 단위 22
『겐지 이야기』 51, 106
경계 77, 83
경제적 세계화 91, 93~94, 114
고시, 아미타브Amitav Ghosh 52~53
『공산당 선언』 95, 135~39
공산주의자 동맹 139~40
괴물 38~40, 45, 127
괴테, 요한 볼프강 폰Johann Wolfgang von Goethe 79~89, 91~94, 96~98, 105~106
구술 68~69, 72, 87, 106, 119
구약 28, 32
구전 50, 70~73, 77, 151
구조주의 127
그리스 43~45, 47~48, 58, 85~87
그리스도교 28, 67

근원의 이야기 42, 49
글쓰기 14, 17, 20~22, 57~61, 66, 68~73, 80, 93, 118~19, 144, 151
기억 12, 59, 63, 72, 113, 151
기후과학 19~20, 130, 149
기후대 88~90
기후변화 19~23, 27, 29, 31~32, 43, 51, 54, 73, 77~78, 92~94, 97, 99, 105~106, 111, 116, 119, 128~31, 134, 140, 142, 147, 157
기후 정의 20, 131
길가메시 30, 34~35, 37~41, 58, 70, 129
『길가메시 서사시』 27, 29~36, 40~43, 45, 48, 53, 57~58, 60, 66, 69~70, 93, 106, 132, 146

ㄴ

『나티아 샤스트라』 128
난민 133~34
내셔널리즘 82~83, 85, 89, 94, 98~99, 103, 142
노아 28, 30, 32
『노턴 세계문학 선집』 84, 107,

111~13, 115, 147, 156
농업 14~15, 17, 32, 35, 42~44, 48~49, 61~62, 65, 68, 70, 119, 130, 132~33, 141

ㄷ

다이아몬드, 재레드Jared Diamond 109
『대구: 세계의 역사를 뒤바꾼 어느 물고기의 이야기』 108
댐로쉬, 데이비드David Damrosch 103, 157
데네케, 빕케Wiebke Denecke 111, 156
도덕극 18, 32
도서관 28, 78, 105, 106, 146
도시 14~15, 28, 35~42, 44, 47, 49~52, 57~58, 60~61, 65~66, 78~79, 83, 87, 119, 133
도시 국가 44, 47, 59~60
도시 생활 36~38, 42, 49, 60~61, 66, 70, 119
동물 우화 50~51
드 스탈, 제르멘Germaine De Staël 92
디목, 와이 치Wai Chee Dimock 21, 117
디지털 인문학 116~17
딥 타임deep-time 117

ㄹ

『라마야나』 97
라비치, 멜렉Melech Ravitsh 97~98
러빈, 캐럴라인Caroline Levine 111, 156
레바논 40, 42
레이어드, 오스틴 헨리Sir Austin Henry Layard 28
루이스, 페리클리스Pericles Lewis 111, 156

ㅁ

마르크스, 카를Karl Marx 95~98, 135~37, 139, 143
마야 문명 63, 65~66
『마하바라타』 97
말리 69
맥닐, J. R. J. R. McNeill 109
맥닐, 윌리엄 H. William H. McNeill 109
맨체스터 96
머스크, 일론Elon Musk 32
멸종 12~13, 15, 123
문학비평 19~20, 125, 127~28
문학 연구 20~21, 77, 99, 110, 112, 123~24, 127~28
문학의 공모 93, 118
문화상 92
문화의 생태계 91

미래를 위한 이야기들 149~50,
    152, 154
『미메시스』 109

ㅂ

바라타 무니Bharata Muni 128
바이러스 14, 141~42
『반려종 선언』 143
번역 46, 71, 78, 84~85, 91, 106,
    136, 149
베르길리우스 49
보니것, 커트Kurt Vonnegut 125~27
보편주의 110, 141
복잡성 17~19, 153
불교 50, 53
비교문학 84, 92

ㅅ

사실주의 소설 52
사이먼, 피트Pete Simon 112, 156
『사피엔스: 유인원에서 사이보그까
    지, 인간 역사의 대담하고 위대한
    질문』 109
산성비 12
산스크리트어 희곡 83, 92, 105
산업화 15, 92, 96, 119, 129, 135
상품의 역사 108
생태비평 20, 22~23, 27, 72,
    116~17, 123

『샤쿤탈라』 92
『서유기』 106
선언문 136, 139~41, 143, 150, 152
성서 27~31, 61, 63, 151
세계문학 21~23, 27, 43, 49, 51, 53,
    77~78, 81~82, 84~85, 88, 91~97,
    99, 103, 105~107, 112~18, 120,
    123, 131~32, 135~36, 144~45,
    147, 150, 156~57
세계문학 선집 103~105, 107,
    112~16, 118, 120, 128
세계문학 정전 22, 43, 49, 105, 112,
    114, 118, 120, 145
세계사 108~109, 137
세계화 82, 84~85, 89, 91, 93, 95,
    97, 135
셸링, 프리드리히Friedrich
    Schelling 92
『소금: 인류사를 만든 하얀 황금의
    역사』 108
『순자타 서사시』 69~71, 106~107
숲 38~40, 42, 62, 81
슈피처, 레오Leo Spitzer 103
스케일 14, 16, 18, 117, 120
스토리텔링 20, 22, 59, 68, 72~73,
    77, 99, 119, 124, 128, 130, 134,
    144~45, 149, 152, 154
『시학』 125
식민주의 20, 53, 67, 71, 83~84, 89,

93~94, 110, 132
쐐기문자 27~28, 57

ㅇ
아라타 58~59, 61
아리스토텔레스Aristotle 125
아슈르바니팔Ashurbanipal 28, 106
아우어바흐, 에리히Erich
  Auerbach 103, 109
『아이네이스』 49
악당 18, 130~32, 134~35
악바리, 수잰Suzanne Akbari 111, 156
안나 아말리아 도서관, 바이마르 105~106
앨터, 로버트Robert Alter 29
야생 33, 35, 38, 41, 45, 50~51, 53, 119
야생동물 33, 35, 37~38, 40, 48
언어 14~17, 84, 91, 97, 115, 136, 138, 149, 151, 153
에커만, 요한 페터Johann Peter
  Eckermann 79~82
엔메르카르Enmerkar 58~59
엥겔스, 프리드리히Friedrich
  Engels 95~98, 135~37, 139, 143
영웅 40, 128, 130~31, 134
영토 확장 60
오뒷세우스 43~47, 86

『오뒷세이아』 43, 48, 70, 84~86
『오버스토리』 143
왓패드 124
우루크 34~37, 39~42, 58, 61
우트나피쉬팀 30, 41
운석 11, 13, 16~17, 123
원형식물 86~89
윌슨, 에밀리Emily Wilson 46, 84~85, 111, 156
유목민 37, 133~34
이디시어 97~98, 138
이산화탄소 수치 12, 15, 22
『이솝 우화』 50
이슬람 70~71
이야기꾼 18, 22, 71, 148~49
이야기 유형 125~27
인간 14~18, 22, 27, 29~37, 40~41, 50~52, 60, 62~65, 68, 77, 87, 91, 119~20, 128~30, 134~35, 141~43, 149~50, 152~53
인구 조절 31~32
인구 폭발 15~16
인도 문학 92

ㅈ
자본주의 95, 97, 130
자연 글쓰기 20
자연상Naturgemälde 89~92
자원 추출 40, 43, 49, 52, 54, 57, 60,

73, 77, 93~94, 97, 104, 118~20, 147~48
『자타카 이야기』 50, 107
작인agency 17~19, 32, 128~30, 132, 143
재난 영화 124
전자책 124
점토판 28, 57~59, 69, 151
정전 52, 99, 104~106, 114, 117~18, 147
정전뒤鄭振鐸 98
정착민 16, 132~34, 141
정착 생활 15, 33, 35, 37, 39~41, 44, 53, 60, 66, 69, 73, 94, 118~19, 133
종의 이야기 49
주인공 125, 128~29
중국 소설 52, 81, 83~84, 91, 105~106
진화 16~18, 87, 89, 132, 150~52
진흙 34, 36, 39, 41, 57, 63
질병 14, 37, 141

ㅊ
『천의 얼굴을 가진 영웅』 127
『천일야화』 50~51, 144
『총 균 쇠』 109

ㅋ
칼리다사Kalidasa 92
캠벨, 조지프Joseph Campbell 127
코로나19 141
코르테스, 에르난Hernán Cortés 11, 61~62
쿨란스키, 마크Mark Kurlansky 108
큐레이팅 145

ㅌ
타고르, 라빈드라나트Rabindranath Tagore 97~98
탄소 배출 15, 129~30

ㅍ
『판차탄트라』 50~51, 107, 144
퍼디, 제디디아Jedediah Purdy 42
『포폴 부』 62, 64, 66, 68, 106~107
폴뤼페모스 45, 47~48, 60
푹스, 바버라Barbara Fuchs 111, 156
프로프, 블라디미르Vladimir Propp 127

ㅎ
하라리, 유발Yuval Noah Harari 109
하부구조 42, 49
하이제, 우르줄라Ursula Heise 21~22, 157

해러웨이, 도나Donna J.
  Haraway 143
해상무역 43, 45~46
헤르더, 요한 고트프리트 폰Johann
  Gottfried von Herder 91
『홍루몽』 52, 106
홍수 이야기 28~29, 31~32, 41, 152
화석 에너지 15
화재 28, 146
환경적 읽기 43, 50, 53, 57, 73, 139
환경적 읽기의 프로토콜 117
환대 45, 48
홈바바 38~40, 60
훔볼트, 빌헬름 폰Wilhelm von
  Humboldt 91
훔볼트, 알렉산더Alexander von
  Humboldt 88~93
『휴먼 웹: 세계화의 세계사』 109
희생자 130~32, 134~35
히브리 성서 28~29, 31, 63, 151